ESTRATEGIAS DE TRADING 2024

La guía completa para maximizar
tus beneficios y alcanzar el éxito
con las mejores estrategias de
trading, análisis técnico y
herramientas avanzadas

Tabla de Contenidos

Introducción

En su nivel más fundamental, cada una de las reglas de trading, pautas, máximas del trader y percepciones es un componente tanto de la psicología del trader como de la psicología del mercado. Los mercados ofrecen la apariencia de un potencial ilimitado y la libertad total para perseguirlo, pero las "reglas" y las limitaciones de comportamiento parecen estar en desacuerdo con ese concepto. Solo después de que nosotros, como traders, hemos sido seriamente perjudicados por los mercados durante un período prolongado, finalmente empezamos a ver la luz. La expresión "corta tus pérdidas" no es una ley; más bien, es un punto de vista que podría ayudarte a protegerte de un daño adicional. Las pautas para hacer negocios son bastante similares a la carta que fue tomada. Como traders, a menudo aceptamos las muchas reglas que nos han enseñado, pero la psicología que respalda esas reglas se acepta tan naturalmente que a menudo la pasamos por alto. Los fundamentos psicológicos que permiten que estas reglas funcionen efectivamente a menudo están ocultos a simple vista. Como traders, todos podemos estar de acuerdo en que seguir las reglas al pie de la letra nos ayudará a lograr un éxito comercial más consistente, y todos sabemos por nuestra propia experiencia que violar las reglas nos ha hecho perder dinero en el mercado. Nadie quiere admitir que ha roto las reglas, y algunos ni siquiera quieren reconocer que necesitan regulaciones. Entonces, ¿por qué no nos atenemos a las pautas? El objetivo de este libro es proporcionarte, como trader individual, un mejor conocimiento de cómo hacer que tus reglas de trading funcionen al ofrecer una visión más profunda de la psicología que subyace en la mayoría de las reglas de trading generalmente reconocidas. Las reglas no son realmente reglas, sino más bien recomendaciones que se han organizado en cuatro componentes distintos; la psicología fundamental subyacente de cada parte se investiga cuando se exhibe cada pauta de regla en su contexto apropiado. La mayoría de los traders son conscientes de que existen esencialmente un número infinito de métodos para interpretar el movimiento de precios, elegir puntos de ejecución o formular una hipótesis sobre las circunstancias generales del mercado o la acción futura de los precios. El propósito de esta guía no es proporcionarte otra método de trading; Dios sabe que ya hay muchos disponibles. Más bien, el propósito de esta guía es enseñarte dos cosas que pueden ayudar a mejorar tu enfoque de trading: la forma en que piensas y la forma en que el mercado piensa. Cuando te detienes a considerar el hecho de que la gran mayoría de los traders tienen pérdidas netas a pesar de que todos estamos familiarizados con las regulaciones, ¿cuál podría ser la característica distintiva que diferencia a los traders exitosos de los que fracasan? Mi opinión es que no hay una respuesta directa y unívoca a esa pregunta, excepto la posibilidad de que un trader se adhiera religiosamente a las reglas que ha ideado para sí mismo, mientras que el otro trader no lo hace, o incluso peor, no tiene ninguna regla. Debido a que hay un número infinito de formas de participar, creo que lo más importante es descubrir una manera de aplicar individualmente las reglas de una manera que sea única para ti y que funcione para ti, y luego hacerlo todo el tiempo. Esto es lo más importante. Es fácil decir "corta tus pérdidas", pero cada trader tiene su propia forma única de determinar lo que eso significa en sus propias circunstancias. El objetivo de este libro es ayudarte a definir mejor tu propia estrategia de trading guiándote a través del proceso de interpretar y aplicar las reglas de una manera adaptada a tu estilo de trading particular. Las reglas en sí mismas no son el problema; más bien, el desafío está en encontrar una manera de hacer que las reglas sirvan a tus necesidades.

Capítulo Uno

Primeros Pasos Comprender la psicología que subyace en las reglas, identificar las situaciones en las que funcionan de manera más efectiva y determinar si esto se alinea con nuestro propio estilo de trading son aspectos importantes para que las reglas funcionen bien. La regla tiene fundamentos psicológicos en parte porque el mercado mismo tiene fundamentos psicológicos. Sin un conocimiento sólido de esta psicología de mercado subyacente, no creo que podamos hacer que nuestras reglas funcionen tan efectivamente como podrían. Entender nuestra propia psicología individual es necesario para la realización de esta evaluación. Eventualmente descubrirás que tu propia psicología personal es, con mucho, la variable más importante para tu éxito a largo plazo como trader, sin importar dónde te encuentres personalmente en la escala de evolución del trader o la aplicación de tus habilidades en desarrollo. Esto es cierto independientemente de dónde te encuentres personalmente. De hecho, el único trader que podrá hacer que sus reglas de trading funcionen efectivamente es aquel que reconoce este punto de vista sobre su propia psique. Esto se debe a que las reglas de trading son autoimpuestas, autoaplicadas y autodestructivas. Incluso si tienes una estrategia metódica ganadora y reglas sólidas para seguir, tus resultados casi con seguridad serán una pérdida neta si no tienes una comprensión profunda de la psicología del mercado y de tu propia psicología personal. Antes de exponerte a riesgosos trades, hay un hecho incontestable sobre la estructura fundamental de los mercados que debes comprender en su totalidad. Esto es cierto independientemente del nivel de experiencia en trading que poseas actualmente o de la experiencia en trading que hayas tenido en el pasado. Los mercados que la mayoría de los lectores estarán operando, incluyendo futuros, opciones sobre futuros y divisas extranjeras (FOREX) en efectivo, son ejemplos de mercados de suma cero. La acción de precios y la gestión de efectivo ocurren en un entorno donde nunca se gana ni se pierde dinero; en su lugar, cualquier ganancia o pérdida se registra como un débito o crédito en efectivo entre cuentas depositadas hasta que las transacciones se hayan procesado. En otras palabras, el crédito monetario por una transacción exitosa proviene del trato exactamente opuesto que fue una operación perdedora. La organización de compensación del intercambio simplemente colocará un crédito en efectivo en la cuenta del participante que ganó la transacción y colocará un débito en efectivo en la cuenta del participante que perdió la operación. Al final, son las personas que no ganan las que terminan pagando las cuentas de aquellos que sí lo hacen. No es posible acumular un aumento de crédito en tu cuenta de trading a menos que otro trader (o grupo de traders) en algún lugar, operando a través del mismo intercambio que tú en el mismo mercado, haya perdido la misma cantidad que tú. Para que obtengas una ganancia de $10,000 en tu trade, fue necesario que otra persona o grupo de personas incurriera en una pérdida de $10,000. No puedes participar en el trading sin una ganancia neta a menos que estés dispuesto a asumir ese riesgo. Dado que el trading se basa en transacciones sin ganador o perdedor, seguir y ejecutar reglas de trading es muy necesario para lograr el éxito a largo plazo. Si no sabes lo suficiente sobre lo que estás haciendo o el riesgo que realmente estás tomando, terminarás siendo el que pierde y tiene que pagar al trader ganador. No hay otra manera para que el mercado funcione. Echemos un vistazo a los procesos mentales que impulsan la actividad de precios, ¿de acuerdo? En mi opinión, hay mucho más en esto que la verdad obvia de que siempre hay alguna operación no exitosa por cada exitosa. El trading basado en el concepto de suma cero proporciona algunas ideas nuevas interesantes sobre el comportamiento de las multitudes y sobre lo que realmente es necesario o requerido para explotar de manera rentable el movimiento de precios. Comencemos con los fundamentos, ¿de acuerdo? Decides comenzar una posición en maíz colocando una orden de compra a $2.33 por bushel. Tu orden de compra debe coincidir con una orden de venta al mismo precio para que puedas obtener un llenado en ella. Vamos a fingir que también hay una orden de venta en su lugar para iniciar una posición, con fines de ejemplo. Como resultado, dos traders diferentes se han expuesto a pérdidas potenciales, y ahora hay una posición larga activa y una posición corta activa. ¿Cuáles son los pasos que se toman después de esto?

Se reciben otro lote de órdenes, y esas órdenes se coinciden; sin embargo, si hay un desequilibrio en el flujo de órdenes en ese instante preciso, el mercado se vuelve a cotizar para reflejar el desequilibrio en el flujo de órdenes.

En otras palabras, si quedan más órdenes de compra después de que las órdenes de venta se coinciden, el mercado sube y se coincide con órdenes de venta a precios más altos, si hay órdenes de venta a precios más altos disponibles. Luego, las órdenes de compra pendientes se coinciden al nuevo precio establecido más alto. Si hay órdenes de compra adicionales pendientes del período anterior, se logrará otro incremento.

No se puede negar la naturaleza intelectual de esta obra de arte. La mayoría de los traders son conscientes de que las órdenes de stop, órdenes límite y órdenes de mercado provienen de ambos lados de la transacción. Sin embargo, la combinación de estos tres tipos de órdenes está cambiando continuamente ya que siempre se están colocando nuevas órdenes. Lo que nos preocupa principalmente es la presión que se ejerce sobre el precio a medida que el flujo neto de órdenes se procesa de un instante a otro. Si el desequilibrio de órdenes continúa siendo del lado de las compras, el mercado seguirá subiendo hasta que se resuelva el desequilibrio y las órdenes de compra y venta estén nuevamente casi equilibradas entre sí. En ese momento, el mercado comenzará a bajar y continuará haciéndolo hasta que las órdenes de compra y venta vuelvan a ser aproximadamente equilibradas con las órdenes de venta. Si en ese momento las órdenes de venta superan a las órdenes de compra, el mercado seguirá bajando. Estos desequilibrios de órdenes son la fuente del flujo y reflujo del movimiento de precios, y lo que llamamos una tendencia alcista o bajista es, en verdad, un desequilibrio neto que ha persistido durante cierto tiempo.

Entonces, digamos que después de algún tiempo, se ha establecido un nuevo precio para el maíz en ese momento como consecuencia del desequilibrio neto de órdenes que ocurrió durante ese tiempo:

Tu posición larga en el mercado abierto

ha generado una ganancia de $0.05 por bushel en este momento. El otro trader que estaba especulando tiene una pérdida abierta exactamente de $0.05 por bushel como resultado de tu orden ejecutada, que era una posición corta. Si en ese mismo momento decides cerrar tus respectivas posiciones y tus órdenes se cancelan mutuamente en ese momento, la cantidad exactamente idéntica en dólares se acreditará en tu cuenta y se debitará de su cuenta (menos cualquier tarifa, por supuesto).

Todo esto es bastante sencillo, pero detrás de escena, hay todo un universo en funcionamiento en ese proceso. Ese otro mundo está compuesto por las psiques de los traders involucrados y la forma en que esa psique los impulsa a actuar, lo que finalmente los lleva a colocar órdenes en primer lugar.

Lo que no es inmediatamente visible en la acción de precios es la percepción, que se refiere a cómo ese crédito o débito neto está influyendo en el titular de la cuenta, en lo que está pensando el titular de la cuenta y en lo que el titular de la cuenta debe hacer a continuación. Nadie puede permanecer invertido en el mercado indefinidamente, por lo que es inevitable que en algún momento ambos traders tengan que vender sus posiciones. Cuando la posición perdedora se liquida eventualmente, el trader que estaba perdiendo debe hacer una operación contra sí mismo que sea idéntica en tamaño pero opuesta en dirección. En otras palabras, si he comprado el mercado y los precios bajan, no tengo otra opción que vender para liquidar mi pérdida. Esto contribuye más poder a la fuerza dominante que está controlando el mercado en ese momento. Mi condición mental y emocional actual está en conflicto directo con mi objetivo de obtener una ganancia, y mi única alternativa real es vender mis activos en este momento o arriesgarme a sufrir una pérdida mucho mayor. Cuando "espero", estoy tratando de predecir que el mercado finalmente dará un giro, lo que resultará en una ganancia para mí en la transacción (convirtiendo a la posición corta original que inicialmente tenía la ganancia abierta en una perdedora).

Sin embargo, todos estos pensamientos y sentimientos están ocurriendo completamente dentro de mi cabeza y no tienen nada que ver con los factores que mueven el mercado. Es necesario que haya un mayor número de órdenes colocadas en un lado del mercado para que los precios se muevan en cualquier dirección. Solo si hay más órdenes de compra que órdenes de venta en ese momento particular, los precios pueden subir. Solo si hay más órdenes de venta que órdenes de compra en ese momento particular, los precios pueden bajar. El funcionamiento del mercado que procesa el flujo neto de órdenes no se ve afectado por la forma en que mi propio saldo de cuenta o mi estado mental se ven alterados como resultado del flujo de órdenes. Solo necesitas estar en el lado correcto del flujo neto de órdenes desde ese momento hasta que liquides para tener alguna posibilidad de obtener ganancias en cualquier oportunidad percibida en un mercado que opera según el principio de transacciones de suma cero. Si te encuentras en el otro lado del flujo neto de órdenes que está ocurriendo, tendrás una pérdida abierta hasta que liquides. Nada de lo que sucede en la cabeza del trader durante ese período de tiempo puede influir de ninguna manera en el mercado; como mucho, puede influir en el saldo neto que está controlado de alguna manera por el trader. Por lo tanto, debes establecer ciertas reglas y educarte sobre cómo adherirte a ellas. No puedes estar seguro hasta mucho después, después de que ya hayas ingresado en tu posición, si estás en el lado correcto del flujo neto de órdenes.

Es esencial tener en cuenta que la mayoría de los traders están sujetos a una presión emocional, lo que afectará cómo interpretan el movimiento de precios. Este es el factor más crucial a tener en cuenta. Todos habían comenzado sus transacciones con la mentalidad de que serían exitosos, pero en la gran mayoría de los casos, se verían obligados a considerar la posibilidad de salir con pérdidas. Cuando se trata de trading, cada aspecto de la presión psicológica y emocional se puede reducir a una sola pregunta: "¿Cuándo salgo?" El nivel de estrés de la persona en la posición ganadora es menor que el de la persona en la posición perdedora, ya que el ganador tiene una ventaja en el mercado. Cuando la agonía de sostener la mano perdedora se vuelve demasiado grande para el trader perdedor, a menudo liquida en la misma dirección que la posición ganadora para minimizar la cantidad de dinero perdido. Una ilustración sencilla de esto sería un mercado que sube progresivamente a medida que el número de órdenes de compra supera al número de órdenes de venta. Esto continúa hasta que el mercado alcanza las órdenes de compra stops liquidadas que fueron colocadas por encima del mercado por los vendedores que están en una posición perdedora. Como resultado de la presión de compra continua, el mercado avanza aún más.

La historia de la acción del precio, como se mencionó anteriormente, no tiene nada que ver con la investigación de mercado, la gestión del riesgo, los métodos de trading o el análisis técnico. Tampoco tiene nada que ver con la acción del precio. Solo está relacionado con el hecho de que si vas a participar en el mercado, te enfrentas al peligro de estar en el lado opuesto del flujo de órdenes. Esta es la única razón por la cual es relevante. ¿Qué impacto tiene en los sentimientos del trader? ¿Qué va a hacer? ¿Qué harás tú? Porque no puedes obtener ganancias consistentes en un mercado de suma cero a menos que estés en el lado correcto del flujo de órdenes, tu análisis completo y el plan de trading deben tener en cuenta alguna manera de identificar dónde está el flujo de órdenes y qué hacer si estás en el lado incorrecto. Si estás en el lado incorrecto del flujo de órdenes, no puedes obtener ganancias consistentes en un mercado de suma cero. La clave para reducir con éxito tus pérdidas es idear una estrategia que te permita disipar cualquier agitación emocional provocada por una operación perdedora de tal manera que no dudes en apartarte del camino del flujo de órdenes real si estás posicionado en el lado perdedor. Siempre debes ser capaz de responder a la pregunta "¿Dónde está el flujo de órdenes?" como parte de cómo te involucras en tu operación. Esto es cierto independientemente del método particular que utilices para encontrar oportunidades de trading.

La mayoría de las investigaciones realizadas sobre el rendimiento de los traders netos llegan a la conclusión inevitable de que alrededor del noventa por ciento de los traders cerrarán sus cuentas con una pérdida neta.

Esos traders no esperaban perder dinero, sin embargo, perdieron de todos modos. Cuando el mercado fue en su contra y ejerció presión sobre su ejecución, esto los llevó a experimentar tensión mental y emocional, lo que contribuyó en cierta medida a sus pérdidas. Todo trader ha sentido la angustia de finalmente rendirse y liquidar su posición, solo para ver que el mercado cambia pronto y los precios suben positivamente, si tan solo hubiera continuado en la operación. Esta es una situación en la que se hubiera beneficiado al permanecer en la transacción. Lo único que terminó sucediendo fue que el flujo de órdenes dejó de moverse en una dirección y luego comenzó a moverse en la otra dirección. Ese trader específico terminó sufriendo una pérdida general, que se reflejó en su cuenta. Este trader específico ahora enfrentará la tentación de "esperar y ver" en la próxima operación hasta que los precios eventualmente se recuperen a sus niveles anteriores. Parece razonable pensar que la cuenta será completamente eliminada la única vez que esto no ocurra. Solo se necesita a una persona que diga "simplemente espera" para que un trader específico se declare en quiebra.

Debes comprender en qué estás realmente capitalizando cuando identificas una oportunidad de trading para evitar convertirte en ese trader y dominar el juego de especulación efectiva. Debes estar dispuesto a aceptar y operar desde la perspectiva de "¿Dónde está el flujo de órdenes?" y debes tener un mecanismo para apartarte cuando no estés en el lado correcto del flujo de órdenes. Cualquier análisis o investigación que realices en algún momento debe proporcionar respuestas a estas dos preguntas principales. Puedes suponer que la mayoría de los otros traders no conocen el juego en el que están participando para obtener una ventaja sobre ellos. La mayoría de la actividad de precios, entre el 80 y el 90 por ciento, son simplemente los perdedores tratando de salir de sus apuestas perdedoras.

Capítulo Dos

Un Plan de Trading Una estrategia de trading y un sistema de trading son dos cosas muy diferentes. El objetivo principal de un sistema de trading es identificar desequilibrios en el mercado y proporcionar a compradores y vendedores puntos de entrada más favorables de lo que tendrían en otros momentos. Una estrategia de trading tiene en cuenta los eventos que tendrán lugar en el futuro. Una vez que hemos reconocido algo que creemos que es una oportunidad, la forma en que nos involucramos a partir de ese momento determinará en última instancia si seremos exitosos o no. Si se ve como un componente igualmente vital de una presencia de mercado poderosa, una estrategia de trading estará en una posición mucho mejor para manejar y respaldar un enfoque sistematizado. Tu estrategia de trading debe centrarse en los aspectos del trading sobre los cuales tienes la mayor influencia directa. Por ejemplo, cuándo y dónde realizas tu estudio o análisis de mercado; cuándo y dónde colocas o mueves una orden de stop-loss; cuándo tomas un descanso en el trading; y básicamente cualquier cosa que implique que tomes acción o no tomes acción, independientemente del mercado real, están detallados en un plan de trading. El único propósito de un sistema de trading es aprovechar los desequilibrios percibidos en el mercado; sin embargo, es imposible que dicho sistema sea cien por ciento correcto o que señale con precisión cada "pico" o "fondo" potencial en el rango de tiempo que estás considerando. Si un sistema pudiera lograr eso, entonces no habría necesidad de ningún debate adicional de las reglas. Después de que hayas llevado a cabo el plan y te hayas expuesto a posibles daños, habrás ingresado al ámbito de las posibilidades y limitaciones impuestas por tu sistema. La acción del precio no es algo que pueda ser controlado por una persona; lo único que una persona puede controlar es cómo utiliza la acción del precio o cómo se involucra en ella. El resultado está predeterminado después de la operación, por así decirlo. En ese momento, no tienes ninguna influencia sobre si ganarás o perderás el juego. Un plan de trading es necesario porque tu sistema no puede encontrar todas las oportunidades posibles de ganancia en tiempo real. Esto significa que necesitas uno para evitar actuar imprudentemente o colocarte en operaciones con una probabilidad más baja de éxito. Además, un plan de trading debe detallar qué hacer si ocurre algo inesperado. Una estrategia de trading debe abordar tanto tus fortalezas como debilidades personales en el trading; sin embargo, de ninguna manera reduce la necesidad de un enfoque sistematizado, ni está diseñada para reemplazarlo. Más bien, un plan de trading debe abordar tus fortalezas y debilidades de trading únicas. Porque es una expresión de la suma total de lo que se supone que deben lograr tus reglas, tu plan de trading puede seguirse cien por ciento del tiempo. Controla tu comportamiento, que es un producto de tu disciplina y deseo de seguir esas reglas. Es posible que tu sistema de trading nunca sea más preciso que alrededor del 55% del tiempo en la predicción de operaciones ganadoras; pero, puedes garantizar que siempre seguirás las pautas

establecidas en tu estrategia de trading. En caso de que tu método de trading genere resultados incorrectos, tu estrategia de trading te ayudará a reducir la cantidad de dinero que pierdes. Cuando tu sistema de trading funciona correctamente, tu estrategia de trading te ayudará a obtener las ganancias máximas posibles.

Una estrategia de trading exitosa debe ser concisa pero flexible. Responde a los cambios en las circunstancias del mercado de manera oportuna y prioriza la seguridad de los participantes del mercado. Puedes considerar que un sistema de trading es estratégico, mientras que una estrategia de trading sería más táctica en la naturaleza. En el contexto de una analogía militar, "ganar la guerra" es el objetivo, "identificar la vulnerabilidad del enemigo" es parte de la estrategia, y "explotar esa debilidad" es responsabilidad de la táctica.

Considera tu sistema de trading o enfoque como un esfuerzo metódico para localizar y capitalizar regularmente las ineficiencias del mercado. Esto es un esfuerzo estratégico. No importa realmente de qué se trate; todo lo que importa es que sea constante. Tu estrategia de trading se asemeja más a una reacción táctica "si-entonces" a las circunstancias a medida que cambian en tiempo real y a medida que aprendes más sobre el potencial de una operación específica a medida que se desarrolla. Si las condiciones cambian, aprenderás más sobre el potencial de una operación en particular. Tu sistema de trading está destinado a ayudarte a encontrar la ventaja, mientras que tu estrategia de trading está destinada a ayudarte a mantener esa ventaja o reconocer cuando no la tienes en un momento dado. Tu estrategia de trading es el lugar donde se aplican tus reglas para asegurarte de aprovechar al máximo tu ventaja cuando la tienes y reducir al máximo tus pérdidas cuando no la tienes. El hecho de que ganar una batalla requiera tanto estrategia como táctica es algo que nunca se puede poner en duda. Hay momentos en que las tácticas son las que salvan la estrategia, y hay otros momentos en que el plan requiere relativamente pocas tácticas. Comprender la naturaleza de este equilibrio es particularmente crucial, ya que, como cubriremos en la próxima sección, cualquier estudio de los mercados tendrá tanto un beneficio estratégico como una limitación estratégica. Tu plan de trading te proporciona la ventaja operativa de saber qué estrategia funcionará mejor, bajo qué condiciones, así como cuál será tu mejor movimiento inicial para seguir empujando tu ventaja hacia posiciones más y más rentables. Esto te brinda una ventaja táctica sobre otros traders. El objetivo principal es, por supuesto, minimizar las pérdidas monetarias mientras se maximizan los ingresos.

Cómo desarrollar una estrategia para el trading financiero. Cuando desarrollas una estrategia de trading exitosa, cada trader debe recordar diferenciar entre varias categorías importantes. Aunque revisamos algunas de las características más significativas con más detalle en cada regla del libro, hay algunas fundamentales en las que debes concentrarte para comenzar a desarrollar tu propia estrategia de trading personal. Comenzando con la suposición de que no podrás participar en absoluto si agotas demasiado tu efectivo de trading, tu primera prioridad debe ser descubrir cómo reducir la cantidad de tiempo que pasas operando cuando estás en pérdida. Esto no es lo mismo que rendirse y aceptar la derrota. Siempre debes intentar limitar tus pérdidas como parte de tu método de trading, y cuando hayas acumulado un número considerable de pérdidas personales, es hora de dar un paso atrás y examinar algunos aspectos clave de tus prácticas de trading. En primer lugar, debes evaluar si estás siguiendo el procedimiento o enfoque adecuadamente. Un reexamen periódico de si estás haciendo trampa al sistema de alguna manera debe incluirse como parte de tu estrategia de trading. ¿Estás participando en operaciones que normalmente el sistema no haría? ¿Estás dudando en tomar cada señal? ¿Es posible que alguna de esas operaciones te haya obligado a esperar, haciéndote "lento"?

Una estrategia de trading confiable sirve como un mapa que puede ayudarte a mantener tu concentración. Una serie de pérdidas que está fuera de los límites de las posibilidades de los sistemas de trading es la primera y mayor señal de que no estás manteniendo tu mejor concentración en el trading. Cuando llegas a este punto, como trader, eres responsable de determinar cuáles son tus reglas cuando estás atravesando una caída anormal. Retroceder y observar el mercado para ver si se está comportando de una manera que ya no es compatible con la hipótesis del sistema de trading o la técnica es una de las mejores cosas que puedes hacer. Esto se puede hacer observando el mercado después de dar un paso atrás. Supongamos que estás utilizando una estrategia que implica el seguimiento de tendencias, pero el mercado ya no se mueve en la dirección de la tendencia. Durante los períodos de consolidación del mercado, un sistema de seguimiento de tendencias se desmoronará en un millón de fragmentos. ¿Cómo planeas ajustar tu estrategia en respuesta a la situación actual? La única persona que puede proporcionar una respuesta completa a esa pregunta eres tú, pero el concepto general de tu plan de trading debe tener en cuenta un escenario de "¿y si?" para la remota posibilidad de que la calidad del mercado haya cambiado lo suficiente como para reducir la probabilidad de que tu sistema sea exitoso. Tu estrategia de trading probablemente incluirá algún tipo de enfoque para apartarte.

Hay momentos en la vida de cada trader en los que participar es lo peor que el trader podría hacer en ese momento. Tu estrategia de trading debe tener en cuenta la posibilidad de que otros aspectos de tu vida, como problemas o estrés, puedan obstaculizar tu capacidad para realizar operaciones rentables. ¿Qué medidas puedes tomar para protegerte cuando sientes que tu agudeza mental o emocional podría estar disminuyendo? Cuando te permites distraer, te expones al peligro de no notar una pieza vital de información sobre la estructura del mercado en el momento justo, lo que podría resultar en una pérdida financiera. Tu estrategia de trading debe tener en cuenta no solo los riesgos financieros que estás incurriendo, sino también tus necesidades psicológicas y emocionales. Independientemente de lo bien que te esté yendo en los mercados, probablemente sea una buena idea programar descansos frecuentes en el trading a intervalos regulares de vez en cuando. Si te estás casando o enviando a uno de tus hijos a la universidad por primera vez, tu plan de trading debe abordar esas necesidades de manera que te impida descuidarte. Por ejemplo, si estás planificando un evento importante en tu vida, como casarte o enviar a uno de tus hijos a la universidad por primera vez. Si un trader continuó participando en la actividad después de sentirse estresado o bajo presión, la mayoría de las veces su selección y ejecución de operaciones sufrieron como resultado. Esto es algo que le sucede a todos los traders en algún momento de sus carreras.

Todos conocemos las historias de personas que se enriquecieron al ganar una suma significativa de dinero en una lotería patrocinada por un estado. De repente, y sin previo aviso, una persona afortunada entra en posesión de varios millones de dólares en efectivo. Debido al hecho de que estaban totalmente desprevenidos para la ocurrencia de tal evento, muchas de estas personas han cometido errores financieros significativos con esos dólares y, al final, están en una posición financiera peor que antes de haber ganado ese dinero. Tu estrategia de trading también debe cubrir cómo podrías participar de la manera más efectiva si te encuentras en una posición de fuerza en algún momento. Una cantidad significativa de éxito financiero puede tener fácilmente una influencia negativa en un trader de la misma manera que pérdidas financieras sustanciales podrían.

Sería prudente adoptar alguna estrategia para minimizar tu participación con el fin de asegurar tu éxito continuo. Esto debería hacerse hasta que hayas digerido cognitiva y emocionalmente el éxito que ya has tenido. Es fácil caer en la trampa de creer que lo que llevó a tu éxito y la magnitud de ese logro se puede replicar con poco esfuerzo y que esto siempre será así con tu operativa. Esto es algo común para los traders novatos con poca experiencia que, sin saberlo, fueron simplemente afortunados en sus operaciones. Ganan accidentalmente mucho dinero, lo que los lleva a confundir su éxito con habilidad de trading genuina, o peor aún, a creer que han descubierto la técnica de trading ideal. Este trader "lo devolverá todo y más" si la persona que realiza la transacción no actúa con precaución debido a su falta de competencia. Este trader no será sensible a la posibilidad de que la calidad del mercado haya cambiado y que su "sistema" ya no sea exitoso. Además, no sabrá cuándo es posible que su "sistema" vuelva a ser efectivo. En tu estrategia de trading, debes incluir una sección que hable sobre qué hacer cuando estás lo suficientemente adelante en el juego como para potencialmente causarte un problema. En otras palabras, ¿qué debes hacer si descubres que tu situación financiera ha "crecido más de lo que puedes manejar"?

Si estás pensando en estas líneas, estás

comenzando a darte cuenta de que todos los principios que describimos en este artículo, tomados en su conjunto, son

la fuente de origen de tu estrategia de trading. Al final, tu estrategia de trading es un reflejo de tu deseo de utilizar las reglas adecuadamente cuando necesitas limitaciones en tu conducta, y esta disposición es un resultado directo de tu disposición para hacerlo. Escribir un plan de trading eficiente requiere que estés listo para considerar que tu lado del balance sea tan importante como tu sistema de trading. Aunque tus reglas pueden cambiar y tu plan de trading puede seguir desarrollándose con el tiempo, esta disposición para hacerlo es esencial.

Dado que vivimos en una sociedad en la que algunas cosas a menudo parecen ser cotidianas y "normales", hemos desarrollado un mayor sentido de confianza en relación con nuestra vida cotidiana como resultado directo de esto. La idea de que el entorno en el que vivimos a diario es completamente natural e inmutable nos proporciona una sensación de seguridad y confianza. Algunos de nosotros nos hemos acostumbrado tanto a esta sensación que hemos desarrollado una rutina que realmente nos aburre, mientras que algunos de nosotros hacemos lo imposible por hacer algo, cualquier cosa, para liberarnos del control que lo ordinario tiene sobre nuestras vidas. Cuando algo inesperado ocurre, a menudo tenemos la impresión de que las probabilidades han cambiado de alguna manera; sin embargo, esta percepción generalmente se considera como algo transitorio. Debido a esto, no siempre es evidente para nosotros que lo que sucedió podría haber ocurrido en cualquier momento y que estamos en riesgo de esta manera en todo momento y todos los días. A menudo, la naturaleza verdaderamente aleatoria de las cosas no es tan evidente regularmente para nosotros como para ver que lo que sucedió podría haber ocurrido en cualquier momento. Por ejemplo, el riesgo diario de conducir parece ser bastante mínimo, ya que la mayoría de las personas solo estarán involucradas en un accidente automovilístico una vez o incluso nunca en toda su vida. En caso de que estemos involucrados en un accidente automovilístico, lo consideraremos una ocurrencia "aleatoria" que simplemente nos pareció "por accidente". Esto es lo que sentimos a pesar de que generalmente pasamos nuestro día sin incidentes importantes. Ahora tenemos la impresión de que es más probable que pase otro día sin que ocurra el evento impredecible directamente a alguno de nosotros. Si ocurre, creemos que es una ocurrencia aleatoria.

La realidad del asunto es que la mayoría de las personas provocan el "accidente" en el que se encuentran porque no ven la conexión entre sus actos y las consecuencias de esos actos. Por ejemplo, la gran mayoría de las personas que conducen después de beber alcohol tienen la impresión de que el problema no fue totalmente su culpa, a pesar de que fue su juicio afectado lo que aumentó la probabilidad de que el incidente aparentemente aleatorio les ocurriera.

Porque conducen sobrios y sin incidentes el 95 por ciento del tiempo, no logran comprender que el registro de éxito del 95 por ciento anterior ahora es nulo e inválido durante el 5 por ciento del tiempo en que no están sobrios. Esto se debe a que conducen sobrios el 95 por ciento del tiempo. Las pautas para jugar el juego han cambiado. Ahora están en un entorno completamente nuevo que no tiene ninguna conexión con el nivel de seguridad anterior que tenían. Este entorno les resulta completamente ajeno.

Nuestra malinterpretación radica no tanto en la forma en que percibimos la realidad, sino más bien en la forma en que comprendemos la dinámica de cómo la probabilidad influye en nuestras vidas a diario. Hay muy pocas cosas en la vida que se pueden conocer con certeza absoluta, y el hecho de que algunas cosas solo nos sucedan individualmente una vez en nuestra vida no altera la posibilidad de que le sucedan a alguien más todos los días.

De hecho, todo el campo de la ciencia actuarial se basa en la idea de que la mejor manera de mitigar los efectos negativos de una ocurrencia futura es dispersar los peligros asociados entre el mayor número de personas posible. Las compañías de seguros generan ingresos al distribuir el riesgo de esta manera, y funcionan mejor financieramente cuando venden seguros a personas para quienes el riesgo es muy poco probable que se materialice. Por ejemplo, la razón por la cual los entusiastas del buceo pagan tarifas considerablemente más altas por el seguro de vida es porque cada año cierto número de buceadores se ahogará. Esto resulta en un mayor riesgo para la aseguradora. Tu probabilidad de morir en un desastre de ahogamiento disminuye si no practicas el buceo, y como resultado, tus tarifas de seguro serán más bajas. Pero la realidad del asunto es que alguien se ahogará este año, y es muy probable que un número regular de esas personas sean buceadores. Si le preguntas a los buceadores qué piensan de ese riesgo, cada uno de ellos responderá sin duda lo mismo: "No a mí... No hago nada estúpido cuando buceo". Esos buceadores tienen la mentalidad de que "no me va a pasar a mí" debido a su amplia experiencia.

Cuando comenzamos a operar, nuestra perspectiva sobre cuestiones relacionadas con certezas y probabilidades sufre una transformación completa. Al abandonar la seguridad y previsibilidad de un mundo en el que las cosas generalmente funcionan de cierta manera, llegamos a un mundo en el que cualquier cosa verdaderamente aleatoria e inesperada puede suceder en cualquier momento. Los eventos son aleatorios e inesperados no porque el mercado sea indefinible o porque la acción del precio sea de alguna manera tan misteriosa como para desafiar la explicación, sino más bien porque nosotros, como traders individuales, no podemos conocer todo lo que hay que saber sobre el mercado en todo momento; como resultado, tenemos un porcentaje de riesgo que es cierto. No hay necesidad de realizar más investigaciones o comprensión para reducir este peligro. Comprender la probabilidad es la clave para mitigar este riesgo.

Cualquier esfuerzo por beneficiarse de una transacción son, en realidad, solo conjeturas educadas sobre cómo se comportarán los precios en el futuro. Poco importa si tu estrategia es técnica o básica, o cualquier enfoque que elijas al final como el que proporciona el equilibrio óptimo entre riesgo y rendimiento para tus circunstancias específicas. Es difícil predecir exactamente cómo se desarrollará cada operación a través del movimiento de precios hasta que llegue a ese punto, ya que la naturaleza misma de los mercados de trading implica riesgo e incertidumbre. Después de cierto punto, los mercados ya no son definibles, y sin importar cuán exhaustivo o completo pueda ser el análisis o la investigación previa a la operación, siempre existe la posibilidad de que los precios no respondan en la dirección anticipada o no respondan en un marco de tiempo en el que estés dispuesto a operar. Esto es así incluso si hay una alta probabilidad de que los precios respondan en la dirección deseada. Wall Street y LaSalle Street están llenas de traders que cometieron errores en sus estrategias de trading, como estar en lo correcto demasiado pronto, esperar demasiado, salir demasiado pronto, entrar demasiado tarde, etc. Todos esos tipos de resultados, ya sea obtener una pequeña ganancia, no obtener ganancias, sufrir una pequeña pérdida o sufrir una gran pérdida, se deben simplemente al hecho de que la técnica sistematizada en la que se confiaba había alcanzado su límite específico, o el trader no comprendió ese límite. Todos eran "mejores conjeturas", lo que implica que no hay garantía de que funcionarían en todas las situaciones desde el principio.

Antes de iniciar una operación, debes considerar varios factores para reducir tus opciones disponibles a aquellas con mayor potencial de éxito. En primer lugar, llegará un punto donde los precios sean más favorables para una entrada y responderán avanzando en la dirección de las condiciones si has realizado una evaluación adecuada de las condiciones generales de acuerdo con tu plan de operaciones. Este punto llegará en un momento en que los precios sean más favorables para una entrada. Tu mejor opción es esperar hasta ese momento y luego poner en acción tu plan de inmediato; pero, ¿dónde exactamente está ese punto?

Cuando intento determinar el verdadero

potencial de una operación, he descubierto que argumentar el caso desde ambos lados es la opción más fructífera que debo tomar. Planteo preguntas con respuestas abiertas, como "¿Quién está ganando?" ¿Quién está en la posición perdedora? ¿Qué podría hacer que cualquiera de los lados se rinda? ¿Qué motivará a aquellos que son alcistas o bajistas a vender sus posiciones? ¿Qué factores los convencerán de darlo todo en este esfuerzo? La cuestión crucial, por lo tanto, es cuál de estos es más probable.

Tú, como trader, tienes más alternativas disponibles para ti cuando se trata del proceso de selección de operaciones si planteas una variedad de preguntas, cuyo propósito no es llegar a una decisión definitiva y absoluta, sino descubrir la mejor probabilidad del mercado en el futuro. Te darás cuenta de que algunas operaciones son mejores para ti personalmente que otras a medida que atraviesas ese proceso de selección de operaciones, lo que te ayudará a definirlo más precisamente con el tiempo. Pensar en términos de probabilidades te permite aumentar la probabilidad de dejar que las ganancias se acumulen mientras participas en transacciones de alta probabilidad, al tiempo que disminuyes la probabilidad de sufrir una pérdida al evitar apuestas de baja probabilidad. No puedes saberlo con certeza de antemano, pero puedes evaluar la posibilidad de varios resultados y elegir cuál es más probable dado la información que tienes. Después de eso, te estableces en tu posición y esperas.

Capítulo Tres

Marco Temporal

Ninguna discusión sobre trading estaría completa sin algún diálogo que trate sobre el tema del marco temporal de una operación. Existe una relación entre tú como trader, tu estrategia de trading, tu técnica de trading y el tiempo que todos estos factores requieren para confirmar o negar que existe una oportunidad de obtener beneficios. No todos los enfoques funcionarán en todos los marcos temporales y, si personalmente no conoces bien tu propio proceso de toma de decisiones, puedes ser tentado a trabajar con un sistema que no sea compatible con tu marco temporal natural.

Todos tienen un marco temporal natural en el que rinden mejor. Con "marco temporal natural" me refiero al tiempo necesario para que tú personalmente tomes una decisión y luego actúes en consecuencia. No puedes participar en los mercados sin llegar a alguna forma de juicio de que los precios son demasiado altos o demasiado bajos en comparación con algún otro precio que el mercado alcanzará finalmente, siempre y cuando tu hipótesis sea la correcta. Después de tomar esa decisión, luego actúas. Dependiendo de tu temperamento personal, tu tolerancia al riesgo, tu éxito o fracaso anterior, tu educación, y así sucesivamente, el tiempo que requieres personalmente puede variar, y esto es lo que da origen a la multiplicidad de tácticas de trading diversas.

Lo que no es evidente de inmediato para la mayoría de los traders es que lo que suena bien o tiene sentido inicialmente al intentar desarrollar una presencia en el mercado puede no ser consistente con su marco temporal natural. Si se desarrolla este tipo de conflicto, seguir las reglas del sistema será difícil, al igual que intentar establecer una estrategia de trading, ya que tales cosas no están en armonía con la persona única del trader en particular.

El primer paso para elegir una técnica que te sea beneficiosa y aprender a aplicar mejor las reglas es elegir un marco temporal de trading compatible con tu personalidad. Si eres alguien a quien le gusta reflexionar desde muchos lados y luego dormir sobre ello antes de tomar una decisión, un período de tiempo más largo para operar puede funcionar mejor, quizás semanas o meses. Si eres alguien que puede tomar decisiones rápidas y pensar con rapidez, entonces un límite de tiempo más corto sería apropiado para ti. La mayoría de los traders pasan por muchas técnicas y sistemas diferentes, no porque no hayan encontrado el sistema correcto, sino porque no han encontrado el sistema apropiado para ellos. En muchos casos, es la cuestión de un período de tiempo adecuado la que es una preocupación crucial.

La mayoría de los traders comienzan sus carreras operando en marcos temporales más cortos y gradualmente avanzan hacia marcos temporales más largos. Esto se debe en parte a la falta de experiencia general y en parte al miedo. Un marco temporal más corto es atractivo porque reduce la cantidad de estrés inicial que experimenta un nuevo trader mientras aprende a mantener o crear una presencia en el mercado. Esto se debe a que las ganancias o pérdidas pueden llegar rápidamente y a veces parecen ser aleatorias para los traders inexpertos. Algunos traders llegan a la conclusión de que el trading es una ocurrencia completamente aleatoria, y como resultado, sienten la necesidad de operar en un marco temporal más compacto, como minutos. Otros creen que los mercados, en algún momento, se verán obligados a representar los verdaderos fundamentos de oferta y demanda, y por lo tanto, desestiman las fluctuaciones diarias o intradiarias como ruido aleatorio sin sentido. En cambio, se centran en permanecer en un lado del mercado durante períodos prolongados.

Si un trader elige un marco temporal

que es demasiado corto para empezar, ese trader a menudo tendrá la percepción de que el mercado se está moviendo demasiado rápido. Como resultado, ese trader mostrará típicamente mucha vacilación en los puntos de entrada, buscando confirmación antes de establecer una posición. Incluso una pequeña corrección puede ser bastante molesta, ya que representa una pérdida que ocurrió demasiado rápidamente, y el mercado a menudo se recuperará al precio de entrada en un corto período de tiempo. Cuando un trader elige un marco temporal que es demasiado largo para su temperamento, la monotonía de esperar a que una operación funcione durante muchos días o semanas podría llevar al impulso de operar en exceso o de intentar forzar al mercado a pagarle. Debido a que está tomando tanto tiempo alcanzar la meta óptima, puede ser frustrante ver las acciones subir y bajar varios miles de dólares a diario. Esto puede llevar al miedo a la pérdida y, en la mayoría de los casos, a la decisión de liquidar la inversión antes de que se haya alcanzado la meta.

Considera si estás tratando de operar en un marco temporal con el que personalmente no eres compatible si estás experimentando un alto grado de conflicto emocional cuando operas en este momento. Puedes hacer mucho para eliminar esa presión al considerar si estás tratando de operar en un marco temporal que sea compatible contigo. También puede ser que estés utilizando el marco temporal incorrecto para ti si tienes un alto grado de anticipación de que una transacción debería tener éxito en un período de tiempo específico. Estos dos eventos que ocurren en tu interior son fuertes indicadores de que no estás operando dentro de tu marco temporal normal.

Encontrar un marco temporal que sea congruente con tus necesidades.

¿Por qué es necesario que un marco temporal de trading y un marco temporal natural sean congruentes entre sí? La razón de esto es porque así es como está estructurado el mercado en sí, para decirlo de manera más sencilla. Cada trader opera dentro de su propio entorno único, que está compuesto por sus propios sesgos personales, suposiciones, expectativas y emociones. Cuando esos traders se colocan en el mercado, ninguno de ellos lo hizo con la intención de perder dinero. En cambio, cada uno de ellos (incluyéndote a ti) ingresó al mercado con la expectativa de que su transacción generaría ganancias "en este momento".

Se requiere el paso de una cierta cantidad de tiempo para que esa transacción específica genere ganancias o pérdidas; sin embargo, cada uno de esos traders solo puede dedicarle a esa operación una cantidad predeterminada de su tiempo. El marco temporal real en el que un trader individual está trabajando es el período que transcurre entre la ejecución de una transacción para entrar en el mercado y la ejecución de una transacción para salir del mercado; sin embargo, este marco temporal no siempre es el marco temporal que el trader había planeado para sí mismo.

Debido a que la mayoría de los traders experimentan pérdidas, la mayoría de los traders sienten un sentido de apego a sus operaciones y la mayoría de los traders se decepcionan cuando una operación resulta en pérdida. Como resultado, la mayoría de los traders están ejerciendo presión sobre el mercado en un marco temporal diferente al que pretendían. Todos anticiparon que su operación funcionaría "en este momento", pero como el significado de "ahora" no estaba definido con precisión, no estaba claro cuánto tiempo sería necesario para que la operación alcanzara su máximo potencial. Debido a que el movimiento de precios en el mercado afecta la disposición del trader individual para actuar, si la acción del precio que está ocurriendo "en este momento" no es lo que el trader individual anticipó o planeó, entonces el trader individual pierde el control sobre la ejecución de su operación. Este operador no está tomando una decisión consciente de hacer uso de la fijación de precios; más bien, los precios lo están utilizando a él.

Un trader exitoso a largo plazo que mantiene una posición en su contra durante muchas semanas sirve como un ejemplo directo de este potencial. Por ejemplo, si este trader anticipa un aumento en los precios y está dispuesto a esperar muchos meses para que la oportunidad se materialice, puede decidir comprar ese mercado en un marco temporal semanal. Es consciente de que a menudo es difícil predecir el día o la hora exactos en que el mercado cambiará realmente de precio, pero también sabe que cuando ocurra, estará ubicado en un área cercana a la ubicación ideal para una ganancia de precio. Es posible que compre parte de su posición en ese momento, con la intención de comprar el resto durante las próximas seis semanas. Debido a que confía lo suficiente en su análisis y plan de trading como para confiar en sí mismo con ese uso específico de su dinero, incluso puede comprar parte de su posición a un precio real más bajo que su ejecución inicial. Esto se debe a que confía en sí mismo con ese uso particular de su capital. Es posible que haya hecho una promesa solemne de mantener la posición pase lo que pase hasta cierto período en el futuro, razonando que si la operación no se realiza para entonces, habrá menos oportunidad de obtener ganancias. En este marco temporal específico, los eventos que ocurran un día después de la primera compra de este trader son irrelevantes; de hecho, puede considerarlos como ruido aleatorio sin sentido. El marco temporal que este trader específico considera como "en este momento" para que la operación sea rentable es de seis semanas.

Ahora considera a un trader bajista que opera en el mismo mercado. Incluso si utiliza un marco temporal por horas y no tiene la intención de mantener ninguna operación durante el fin de semana, es posible que esté buscando un máximo semanal como una oportunidad potencial de venta. Después de que el mercado haya alcanzado su máximo semanal mediante el trading, puede esperar hasta seis horas para confirmar que se ha alcanzado el máximo de la semana. Después de eso, pone en marcha su plan en el lado de las ventas, y si la operación no es rentable al final del día, la liquidará. El período de "en este momento" en la perspectiva de este trader es de dos horas. Además, saldrá del mercado en un período muy corto, que es antes del fin de semana, si la operación resulta ser lucrativa. En ambos escenarios, el flujo neto de órdenes afectará tarde o temprano las posiciones de los traders, independientemente del marco temporal en el que estén ejecutando sus operaciones. En un escenario, la presión coincidente en el pensamiento del trader se desarrolla a lo largo de muchas semanas, pero en el otro escenario, solo toma unas pocas horas. El precio final al que se establece el mercado en los siguientes tres meses probablemente no importará al trader que mira el marco temporal por horas, ya que habrá tenido numerosas oportunidades, como él las describiría, a lo largo de ese período. El trader que mira el marco temporal semanal puede tener una perspectiva completamente diferente. Sin embargo, ambos traders están ejecutando sus operaciones en el mismo mercado y, como resultado, ambos traders están ejerciendo presión sobre el movimiento de precios del mercado a través de sus ejecuciones.

¿Con quién estás operando?

Porque lo único que te generará ganancias es estar en el lado correcto del flujo de órdenes durante un cierto marco temporal, conocer tu propio marco temporal es un componente crítico de tu enfoque de trading. No es una buena idea que tú, como trader por horas, te coloques en el lado opuesto del trader semanal. Su flujo de órdenes lleva más tiempo en generarse, y no ejecutará en el lado opuesto del mercado hasta que haya habido una fluctuación de precios mucho mayor. Si estás vendiendo en contra de un trader semanal que está comprando, es más probable que esté dispuesto a mantener esa operación durante mucho más tiempo, ya sea que el mercado se mueva a su favor o en su contra. No podrás recomprar una posición corta lucrativa en el período de tiempo en el que él estará disponible para liquidar sus posiciones largas perdedoras. Tu posición corta abierta que cuesta $200 por contrato es simplemente ruido sin sentido para él. Como consecuencia de esto, si tu operación no funciona en unas pocas horas y quieres liquidar tu perdedora, él tampoco estará allí para liquidar su operación larga abierta rentable, ya que tiende a mantenerla durante unos meses. Si quieres liquidar tu perdedora, él tampoco estará allí para liquidar su operación larga abierta rentable.

Esto es evidentemente una

simplificación excesiva de cómo funciona la acción del precio, y en cualquier mercado que sea líquido, habrá muchas órdenes disponibles en ambos lados del mercado. Lo importante es recordar que hay varios marcos temporales compitiendo, y el propósito de un marco temporal no siempre es el mismo que el propósito de otro marco temporal. Cuando tu marco temporal y el marco temporal que está controlando actualmente el mercado en ese momento están alineados, tendrás las mejores oportunidades para realizar operaciones. Si algo cambiara, tu operación sería inválida.

Saber cómo posicionarse en el flujo de órdenes a medida que se desarrolla para un cierto marco temporal es un aspecto importante de construir una estrategia de trading confiable y una presencia sólida en el mercado. Este aspecto depende en parte de tener la capacidad de anticipar cambios en el flujo de órdenes. Antes de comenzar a operar, debes tener una idea clara del período de tiempo que utilizarás. Si no estás dispuesto a mantener posiciones durante más de una duración específica, tu estrategia o enfoque debe ser coherente con el marco temporal en el que operas. Si no vas a permanecer en el mercado el tiempo suficiente para obtener ganancias de la tendencia, no compres un enfoque de seguimiento de tendencias; en su lugar, considera un enfoque de volatilidad, que dará una señal de liquidación en un período de tiempo más corto. Si no vas a permanecer en el mercado el tiempo suficiente para obtener ganancias de la tendencia, no compres un enfoque de seguimiento de tendencias.

Tu período de tiempo, en lugar de tu tolerancia al riesgo, debería reflejar tu disposición para mantener una operación ganadora, ya que esta es la mejor regla general. Cualquier enfoque o técnica sistematizada debe tener un mecanismo infalible para cortar pérdidas de inmediato, pero la cantidad de tiempo que tienes a tu disposición determinará cuánto tiempo puedes mantener una operación ganadora. Si un día es tu período de tiempo elegido, ¿cuántos días tiene esa operación el potencial de ser rentable? Después de comprender tu propio período de tiempo específico, estarás en mejores condiciones para mantener tus posiciones. Esto se debe a que todos los marcos temporales necesitan cierto tiempo para expresar completamente su potencial. Es muy posible que ese período de tiempo sea muy similar a la forma en que funciona tu propensión natural, que es dejar que las cosas crezcan por sí mismas de acuerdo con tu propio marco temporal natural.

Un factor de tres parece funcionar mejor, en mi experiencia, al intentar establecer la cantidad perfecta de tiempo para dedicar a cualquier cosa. Si operas con un marco temporal semanal, debes anticipar que tomará alrededor de tres semanas para que tu operación alcance su máximo potencial. Esto supone, por supuesto, que inicialmente tienes la visión correcta del mercado. Si operas con un marco temporal de 15 minutos, debes anticipar que el desarrollo de tu operación llevará alrededor de 45 minutos. Aunque es posible que una sola operación tenga sustancialmente más potencial que los resultados de tu período de tiempo específico revelarían, ese no es el problema principal aquí. En cualquier transacción, esas probabilidades comenzarán a disminuir después de cierto tiempo, independientemente del marco temporal que elijas; la cuestión de cuánto avanza esa operación más allá de tu objetivo es un problema que surge al emplear diferentes marcos temporales.

Pero cualquiera que sea el rango de tiempo que decidas emplear para tu enfoque, siempre debes preguntarte si tanto el método como el marco temporal son algo con lo que te sientes naturalmente cómodo. Esto se aplica a todas las circunstancias. Si eres el tipo de persona que tiene dificultades para tomar decisiones rápidas, una estrategia que involucra marcos temporales cortos y ofrece varias operaciones posibles cada día definitivamente no es la mejor opción para ti. Si eres el tipo de persona que no soporta esperar a que sucedan las cosas, entonces una estrategia que toma meses (como un sistema extremadamente sesgado hacia los principios subyacentes) puede no ser la mejor opción para ti.

Al elegir tu período de tiempo, lo más importante a tener en cuenta es que minimizar las pérdidas es simplemente una parte del enfoque general. Tarde o temprano, estarás en el lado correcto del flujo de órdenes, y cuando lo estés, necesitas saber que está bien darle a esa operación todo el tiempo que necesita para desarrollar el potencial real que tiene. Cuando estás en el lado correcto del flujo de órdenes, necesitas saber que está bien.

Tu ventana de tiempo disponible es un factor importante en eso. Definir tu riesgo. Es mi creencia que la habilidad única más crítica de dominar para tener éxito como trader es la capacidad de cortar pérdidas sin estar emocionalmente involucrado en el resultado. Es menos esencial cómo llegas a la conclusión de que esta es la mejor estrategia para ti individualmente que tener un medio para lograrlo y usarlo consistentemente. La trampa de trading que se debe evitar por encima de todas las demás es aquella que incapacitará al trader más rápidamente, y es la incapacidad de saber y admitir cuándo la hipótesis de la operación simplemente no está funcionando, ni puede funcionar. De todas las trampas de trading que se deben evitar, esta es la que lo hará. Esto va mucho más allá y más profundo que simplemente "admitir que estaba equivocado", creer que "puedo esperar un poco antes de decidir qué hacer", "soportar el calor necesario hasta que esto dé la vuelta", o cualquiera de las otras numerosas formas de hacer lo mismo, que es justificar tu inacción ante la evaporación de tu capital.

Solo puedes realizar una operación perdedora por una razón: en ese momento específico, estás en el otro lado del flujo de órdenes. No hay otra explicación. La realidad del problema es que estás perdiendo dinero, y poco importa cómo ocurrió eso o lo que te dijiste a ti mismo para llevar a cabo el plan en ese momento. Tu pérdida seguirá creciendo mientras continúes estando en el lado equivocado del flujo de órdenes. En algún momento, ya sea que te veas obligado a liquidar debido a una llamada de margen o algo aún peor, o elegirás liquidar porque la agonía de la pérdida será demasiado insoportable y decidirás salir de la posición. Cuando un trader ha perdido el control de su ejecución, el simple acto de liquidación se realiza en todas las situaciones en las que la pérdida es enorme e intolerable. La liquidación se realiza cuando el trader no tiene otra opción. Alguien o algo más, ya sea la bolsa, el bróker, el empleado de margen o tu propio impulso personal de evitar el sufrimiento (emoción), controla el resultado neto que ahora está en la cuenta de trading. Esto puede ser la bolsa, el bróker, el empleado de margen o tu emoción. Cuando pierdes el control de la ejecución de tu estrategia de liquidación, las peores pérdidas siempre ocurrirán.

No es un problema del trading que pierdas el control de tu propio dinero de esta manera. Es un síntoma de un problema más fundamental, cuya fuente es, en su núcleo, un componente de la psique personal del trader. No importa cuál sea el problema subyacente, debes asegurarte de que se aborde adecuadamente y de que estés preparado adecuadamente para la posibilidad de que pueda hacerte perder dinero. Como trader, tarde o temprano violarás la única regla a la que simplemente debes adherirte para participar en un trading rentable: Define tu riesgo. Si operas sin definir tu riesgo de pérdida, es solo cuestión de tiempo antes de encontrarte en una situación de trading para la cual no estabas preparado y el dinero está abandonando tu cuenta a una velocidad hipersónica. Si operas sin definir tu riesgo de pérdida, es solo cuestión de tiempo antes de encontrarte en una situación de trading para la cual no estabas preparado. Para protegerte de tal riesgo, necesitas comprender la regla más crítica de la industria del trading: Define tu riesgo.

¿Qué significa exactamente definir el riesgo que estás asumiendo? A pesar de que esto es un hecho, mantengo que la solución no es tan simple como simplemente emitir una orden de stop de precaución. Tu personalidad y el conjunto de habilidades que posees como individuo juegan un papel en determinar tu nivel de riesgo al definirlo. Al definir tu riesgo, debes tener en cuenta no solo el riesgo monetario en dólares en cada transacción, sino también tu presencia total en el mercado y tu deseo de participar en el mercado.

Puedes apostar por una cosa, y es el hecho de que hay momentos en la vida de una persona en los que son menos capaces de dedicar el tipo de intensa atención emocional y personal que es necesaria para especular con éxito. Presta atención a los aspectos personales de tu trading y ten en cuenta que puede haber momentos en los que simplemente no podrás rendir al máximo. Cuando esto suceda, deberías alejarte por completo del mercado o limitar la cantidad de tus operaciones durante un período de tiempo.

Estamos listos para abordar el tema de los riesgos financieros inherentes en cada mercado una vez que hayamos completado suficiente investigación adecuada para el mercado en el que estamos interesados en participar en trading, así como una vez que hayamos evaluado nuestras presiones personales hasta el punto en que estemos seguros de que no se verán afectadas negativamente. La realidad del asunto es que corremos el riesgo de estar equivocados en nuestra próxima transacción, lo que requeriría que asumiéramos una pérdida en términos de dólares. Ningún trader exitoso tiene una tasa de éxito del cien por ciento en todas sus operaciones. Existe la tendencia de que algunos traders anticipen inconscientemente que cada operación que realizan será un jonrón; después de todo, ¿por qué más nos involucraríamos en esta actividad? En muchos casos, es precisamente esta expectativa la que nos lleva a cometer el error de no identificar la pérdida máxima en dólares que estamos dispuestos a sufrir en caso de que la operación no sea exitosa. Después de todo, ¿por qué molestarse en colocar un stop o elegir un punto de salida si esta operación tiene el potencial de ser un jonrón?

Muchos inversores que han experimentado pérdidas mayores de lo que habían anticipado, al reflexionar sobre cómo llegaron a esa situación, dicen cosas como: "Sí, podría haber salido antes, pero... (inserte una razón insensata aquí)". Ya no estaban en control de su ejecución y estaban en manos del mercado debido a su negativa a identificar el riesgo de antemano, lo que los dejó en una situación en la que no tenían una estrategia para protegerse. Hicieron algo diferente en lugar de reducir sin piedad la pérdida en un punto que se había determinado de antemano. Se involucraron en actividades como esperar, rezar, esperar, etc., pero la consecuencia final fue que el mercado continuó marcando a la baja su cuenta hasta que se vieron obligados a no tener otra opción.

En última instancia, definir nuestro riesgo es un método para cortar nuestras pérdidas. Esto se debe simplemente al hecho de que nos abstenemos de ponernos en riesgo hasta que hemos abordado todas las formas potenciales en que podríamos perder dinero en primer lugar. De esta manera, cortamos nuestras pérdidas y nos ahorramos dinero. Si hay alguna manera de evitarlo, no permitiremos que nada nos quite dinero. Hemos tomado las precauciones necesarias para protegernos. A veces, esto requiere colocar una orden en el mercado; otras veces, requiere volver a la escuela para adquirir una habilidad que faltaba previamente; y aún otras veces, requiere admitir que aún no estamos emocionalmente preparados para operar por razones que deben resolverse primero.

Por último, la cantidad de dinero real que tienes depositada con tu bróker debería ser dinero que esté totalmente libre de cualquier obligación para ti personalmente. Esto debe ser una suma de la que puedas desconectarte emocionalmente y alejarte. Nuevamente, "solo opera con dinero que puedas permitirte perder" no es una guía suficiente para seguir en esta circunstancia. De hecho, la situación opuesta es un componente que la gran mayoría de los traders no tienen en cuenta hasta que es demasiado tarde. Te enfrentas al peligro de cortar tus ganancias antes si necesitas esos fondos por cualquier motivo dentro de cualquier período de tiempo probable. Si necesitas recuperar tu saldo inicial de manera segura en, digamos, seis meses, y entras en una posición fuerte con un potencial significativo en el quinto mes, ¿qué sucede si necesitas recuperar tu saldo inicial de manera segura en seis meses? Es posible que la operación requiera cuatro meses adicionales para alcanzar su máximo potencial al alza, pero también es posible que la operación sea el movimiento más significativo en el mercado este año. No hay nada que desanime más rápidamente a un trader que tener que liquidar un modesto ganador que podría haber sido un gran ganador, simplemente porque esos fondos son necesarios para otro propósito, y el trader entendía eso al entrar en la transacción.

Asegúrate de que el riesgo asociado con los fondos que elijas operar incluya la posibilidad de que no necesitarás esos fondos en el futuro, si es posible. Por ejemplo, si sabes que necesitarás cierta cantidad de dinero para reparaciones en la casa en primavera, deberías preguntarte si el dinero que depositas con tu bróker en otoño está destinado a usarse para esos fondos de reparación del hogar. Si tienes algunas pérdidas, corres el riesgo de no poder realizar las reparaciones, y si estás del lado ganador de la operación grande de este año, corres el riesgo de no obtener el beneficio completo si tienes que vender temprano debido a un compromiso próximo.

Una vez que te has puesto en riesgo en una transacción, hay una cantidad ilimitada de formas de perder dinero, por lo que definir tu riesgo requiere incluir tantos de esos factores como sea posible e implica construir tantas redes de seguridad como puedas. Esto se debe a que hay formas ilimitadas de perder dinero. Considera la posibilidad de que tu riesgo personal se relacione con cualquier cosa en tu vida que no sea el saldo de tu cuenta de trading en efectivo para aprovechar esta regla y hacer que funcione a tu favor.

Stop protector. La regla que aborda el uso de puntos de salida predefinidos, o "colocar una orden de stop-loss" como se conoce más frecuentemente en la industria, es quizás la regulación más malinterpretada en el juego del trading en su conjunto. La mayoría de los traders solo utilizan órdenes de stop-loss de una manera que es, en el mejor de los casos, inútil. Las quejas sobre las liquidaciones de stops que se eligen justo cuando el mercado está a punto de ir más allá de la dirección esperada de la operación inicial después de una ligera corrección se escuchan con más frecuencia. Cuando una operación que podría haber resultado en ganancias significativas se cerró demasiado pronto, muchos traders han sentido irritación, enojo o simplemente decepción. Por otro lado, parece que el problema no es tanto si se deben usar órdenes de stop-loss en absoluto como en cómo deben usarse adecuadamente. La importancia de las órdenes de stop-loss puede ser entendida por cada trader después de un cambio inesperado y desfavorable en el precio. Parecería que todos desean la protección de los stops, pero todos secretamente esperan que los stops nunca sean elegidos.

No hay duda de que hay mucho debate y divergencia de opiniones sobre la forma más efectiva de utilizar órdenes de stop-loss y las circunstancias en las que las operaciones deben ser protegidas. El único punto en este debate en el que todos los traders exitosos pueden llegar a un consenso es que esta es la única regla que absolutamente no se puede pasar por alto bajo ninguna circunstancia. Tu primera y mejor línea de defensa contra una pérdida excesiva o no deseada es utilizar órdenes de stop-loss en todas tus posiciones abiertas y hacerlo de manera consistente.

Cuando inicialmente comenzamos a

hablar sobre reglas de trading que realmente funcionan, hice el comentario de que es imposible operar de manera rentable de manera constante a menos que estés en el lado correcto del flujo de órdenes final. Este fue nuestro primer punto de debate. Si has hecho tu investigación y tu hipótesis de operación resulta ser la correcta para el momento en cuestión, el flujo de órdenes se mostrará en ese lado, y hasta que cambie, acumularás una ganancia comercial abierta. Si has hecho tu investigación y tu hipótesis de operación resulta ser la correcta para el momento en cuestión, el flujo de órdenes se mostrará en ese lado. En una base de tick a tick, la subida y bajada de la acción del precio se crea por desequilibrios transitorios; sin embargo, nuestro enfoque está en el flujo neto general de órdenes en lugar de estas fluctuaciones.

Uno de los componentes para dominar varios marcos temporales es tener conciencia tanto del flujo neto de órdenes como de la posibilidad de que la operación se desarrolle. Profundizaré más en varios marcos temporales más adelante (consulte la Regla 12), pero por el momento, asumamos la siguiente suposición para comprender mejor la psicología de utilizar órdenes de stop-loss: No importa cuántos marcos temporales diferentes se tengan en cuenta, el flujo de órdenes nunca estará adecuadamente equilibrado en ningún tick de precio. En cada tick en el precio que se está intercambiando, siempre quedará al menos una orden de compra o venta no vendida. Debido a esto, el mercado siempre será susceptible a un desequilibrio momentáneo en algún marco de tiempo, lo que hará que los precios se muevan en ambas direcciones varias veces. Esto se debe a que el flujo de órdenes restante producirá la necesidad de modificar la oferta o la demanda. Con esta información, tenemos la seguridad de que podemos mantener esa posición abierta siempre que los precios sigan moviéndose en una dirección general con el tiempo, y podemos hacerlo hasta el punto en que creemos que se realizará todo el potencial. El mercado puede moverse de lado entre dos niveles de precio durante un tiempo prolongado antes de romper y alcanzar nuestro objetivo; sin embargo, podemos distinguir este comportamiento como "consolidación" o "congestión". El movimiento de precio fundamental no es lo suficientemente importante como para cerrar la operación abierta en este momento; la acción del precio que se ve es típica en el camino hacia el objetivo final. Sabemos que los precios de mercado no se mueven de manera lineal; más bien, se mueven en un patrón zigzag mientras se dirigen hacia un nivel específico. Por lo tanto, nuestro objetivo es mantener la estabilidad a pesar de la acción zigzagueante del mercado. La única excepción a esto es cuando el supuesto zigzag normal en los precios es una retracción completa del 61,8 por ciento que abarca cuatro semanas de tiempo y el 7 por ciento del valor del precio del contrato.

Ahora debemos ocuparnos del problema de decidir dónde colocar los stops y qué hacer con ellos. ¿Cómo podemos reunir el coraje para mantener una posición a través de la actividad de precios que es típica, esperada y saludable mientras trabajamos hacia nuestro objetivo final? ¿Cómo podemos mantener nuestra posición ganadora evitando ser liquidados durante una retracción normal? Creo que la solución radica en cómo se define el objetivo de las órdenes de stop-loss y en entender lo que significa experimentar lo inesperado, algo que le sucederá a cada trader en algún momento.

En mi opinión, las órdenes de stop-loss no se implementan para proteger una ganancia obtenida en una posición abierta en una cuenta de trading. No son un instrumento para el control de riesgos. Las órdenes de stop-loss son una técnica para gestionar ganancias y no deben usarse para cerrar operaciones que actualmente son rentables. No debes usarlas para liquidar una posición, cualquier posición, antes de que haya habido un cambio en la estructura fundamental del mercado. En su lugar, debes utilizarlas después de que haya habido un cambio.

Si llevas este razonamiento hasta su conclusión lógica, que es que la única razón por la que tu operación ganadora está ocurriendo es porque estás en el lado correcto del flujo neto de órdenes en ese momento, entonces el mejor momento para liquidar esa operación ganadora será solo en el momento en que el flujo neto de órdenes en esa dirección esté a punto de terminar. En otras palabras, has maximizado tu beneficio potencial al comprar bajo y vender alto antes de que el flujo neto de órdenes comience a cambiar de dirección. Si tu predicción fue correcta, entonces tu orden de stop-loss protector nunca estuvo en peligro. El mercado nunca tuvo el potencial de moverse de una manera que te perjudicara, y estabas en la posición ideal para aprovechar cualquier flujo de órdenes que se cruzara en tu camino. Como resultado, la parada no recibió suficientes votos. De hecho, uno podría casi llegar tan lejos como para decir que incluso si la orden de stop nunca se hubiera colocado, el resultado final habría sido exactamente el mismo porque el flujo de órdenes era lo que era. Esto se debe a que el hecho de que la orden de stop no se haya colocado no cambió el hecho de que el flujo de órdenes era lo que era. Debido a esto, algunas personas tienden a participar en operaciones continuas, pero plantea un conjunto distinto de preocupaciones.

Stops móviles. Si este es el caso, ¿por qué cambiarías tu stop? En mi opinión, esta es la consideración más importante para hacer un uso efectivo de las órdenes de stop-loss. Si has determinado con precisión la dirección del flujo neto de órdenes, el stop no es necesario y puede no estar allí en absoluto. La pregunta que debe responderse es si ha habido un cambio en el flujo neto general de órdenes, no cada uno de esos pequeños ticks de precio que ocurren durante cada uno de esos diminutos cambios de dirección o correcciones. Solo debes ajustar tu orden de stop-loss si no estás absolutamente seguro de haber localizado el punto en el flujo de órdenes donde ya no hay potencial de ganancia. Colocas tu orden de stop-loss inicial con el único propósito de protegerte en caso de que no hayas identificado correctamente el lugar inicial donde cambiará el flujo de órdenes. Si te equivocas en tu entrada, habrás limitado tu pérdida a una cantidad predeterminada de acuerdo con la metodología de tu sistema de trading y tu plan de operaciones.

Si lo que estás diciendo es cierto, entonces todo lo que se puede hacer es esperar hasta que el flujo neto de órdenes deje de tener potencial en esa dirección. Aparte de eso, no hay nada que se pueda hacer. Si no estás seguro de dónde está ese punto, entonces la única alternativa disponible es ajustar el stop más cerca de los precios que se están negociando. Después de que el mercado ha comenzado a mostrarte una ganancia en operaciones abiertas, es el momento de poner una orden de stop-loss posterior. Esto nos lleva al punto que discutíamos anteriormente. Dado que los stops no son necesarios si tu hipótesis original es correcta hasta que algo haya cambiado y no lo hayas visto, la psicología detrás de alterar esta secuencia de stop-loss es la principal preocupación cuando se trata de aplicar stops de manera adecuada.

Cuando se trata de colocar una orden de stop-loss más cerca de los precios de mercado después de que ha comenzado a funcionar una operación exitosa, la única pregunta que debes hacerte es "¿Qué pasa si algo cambia antes de que lo vea cambiar?" No hay otra justificación para mover un stop que esta. Tu estrategia de trading debe incluir al menos alguna forma de mecanismo que te permita subir tu orden de stop-loss hasta tu precio de entrada en operaciones abiertas exitosas, asumiendo así que la operación no conlleva riesgo alguno.

Si deseas aprovechar al máximo las órdenes de stop-loss, debes recordar que solo debes usarlas como una orden de salida en caso del peor escenario posible. Estar en el mercado en el lado opuesto del flujo de órdenes en el momento de la primera entrada es la primera instancia que califica como el peor escenario posible para ti. El segundo peor escenario es que te quedes sin flujo de órdenes antes de tener una buena ventaja en el mercado. El tercer peor escenario es aquel en el que algo cambia, pero no pudiste anticipar su llegada a tiempo para liquidar la transacción utilizando los fondos que tenías disponibles en ese momento. Si eso no es una opción, entonces lo único que queda por hacer es esperar a tu objetivo.

En mi opinión, la forma más segura de reducir las ganancias es mover rápidamente y de manera agresiva los stops en un esfuerzo por asegurar beneficios. La presencia de un flujo regular y constante en el pequeño desequilibrio de órdenes, las retracciones repetidas desde máximos o mínimos importantes, y el ruido aleatorio entre máximos y mínimos son todos elementos que se consideran parte del juego. Es bastante improbable que tú o cualquier otro trader seas tan preciso en tu observación como para identificar con precisión los puntos de precio a corto plazo para dicho movimiento de precios basándote en lo que ves. Cuando colocas tus stops en una posición que está demasiado cerca del mercado, estás expresando dudas y ansiedades, así como un apego a un precio específico, en lugar de esperar pacientemente a que el flujo neto de órdenes se agote en la dirección deseada. Te enfrentas al peligro de que tus stops sean seleccionados por el ligero desequilibrio de órdenes de tick a tick si mueves tus stops de manera agresiva. Este riesgo aumenta a medida que aumenta la volatilidad del mercado. Necesitas ver los stops como una técnica de liquidación solo si algo ha cambiado para protegerte de este posible riesgo. ¿Por qué querrías aumentar tu riesgo si no ha habido ningún cambio en la estructura del mercado? Si nada ha cambiado, una orden de stop-loss no debería moverse. El problema de colocar órdenes de stop-loss se puede hacer funcionar para tu técnica de trading específica de varias maneras. Una de estas formas es ajustar los stops por solo dos razones. El primer propósito es sacarte del trade en una pérdida de dólares o ganancia especificada, de acuerdo con las regulaciones que rigen tu gestión de riesgos. Dicho de otra manera, si el trade está funcionando hasta un nivel específico de beneficio en operaciones abiertas, cambias tu orden para asegurar una pérdida menor/un punto de equilibrio o una pequeña ganancia. Esto se hace en caso de que el trade esté funcionando hasta un cierto nivel de beneficio en operaciones abiertas. Una vez que hayas superado ese umbral, el stop debe permanecer en su lugar hasta que hayas alcanzado tu objetivo. Este es el segundo escenario en el que querrías mover un stop si estás escalando posiciones de trading abiertas. Se recomienda que siempre tengas un stop de salida en punto de equilibrio en toda tu posición. Esto es para que, en caso de que algo cambie, la pirámide comience a funcionar en tu contra y tu posición abierta caiga por debajo de tu capital inicial en el trade, tengas una estrategia de salida que te permita recuperar el punto de equilibrio. Mover tus stops de manera agresiva es una estrategia que aumenta el riesgo de cortar las ganancias de manera prematura y que se debe evitar en todas las demás circunstancias, ya que es tanto perjudicial como innecesaria. Tan pronto como una operación te haya proporcionado una ventaja justa, estás en posición de determinar si tu hipótesis es, de hecho, la correcta para el corto plazo. Y una vez que esa operación esté protegida con poco o ningún riesgo, mover una orden de stop-loss más cerca del mercado de manera regular solo te pondrá en la posición de quedar atrapado en la acción aleatoria menor de tick a tick, con la que no tienes necesidad de preocuparte de todos modos. Mover una orden de stop-loss más cerca del mercado de manera regular solo te pondrá en la posición de quedar atrapado en la acción. ¿Por qué querrías estar en un mercado que no puedes ver correctamente en primer lugar si algo ha cambiado y no puedes reconocerlo lo suficientemente rápido como para evitar que la mayoría del beneficio de la operación abierta se disipe? Recuerda en todo momento que los stops no son instrumentos de gestión de riesgos. Son instrumentos para la gestión de beneficios. Solo pueden considerarse herramientas de gestión de riesgos en caso de que algo haya cambiado y te encuentres accidentalmente en el lado equivocado del flujo de órdenes. En este escenario, actuarías en tu mejor interés al liquidar, independientemente de que el evento ocurriera más rápido de lo que podrías haber anticipado dada tu experiencia actual. En cualquier caso, tu capital está seguro, y puedes buscar el próximo trade con la mente despejada ahora que has terminado con este. Cada día es el día del juicio, por lo que es importante posicionar adecuadamente las pausas.

Capítulo Cuatro

Reaccionar ante tu primera pérdida

En muchas ocasiones, se observa que los traders que tienen una personalidad fuerte o una gran capacidad intelectual son aquellos que constantemente desobedecen esta regla. Por razones que son tanto sucintas como precisas, estos traders a menudo pueden prever máximos y mínimos del mercado antes de movimientos significativos de precios. También tienden a actuar rápidamente en transacciones potenciales, lo que los lleva a sufrir pérdidas antes de tener éxito en ponerse del lado ganador. Debido a lo fuertemente que creen y se comprometen con su hipótesis, actúan de manera consistente de acuerdo con el lado que creen que será el movimiento decisivo. Algunos de estos traders acertaron en su hipótesis desde muy temprano, pero continuaron operando desde el lado incorrecto durante tanto tiempo que su capital de cuenta se redujo significativamente cuando llegaron a ese punto. Cuando finalmente ocurre el movimiento importante, entonces habrá una oportunidad de volver a estar a la par con el movimiento anterior.

Es posible que un mercado alcista deje de ser alcista mucho antes de que los precios alcancen su pico, y también es posible que un mercado bajista deje de ser bajista mucho antes de que los precios alcancen su punto más bajo. Para ser honestos, esta es la verdad que estos traders a menudo observan. Están mirando lo suficientemente lejos hacia adelante como para entender que ir en la otra dirección tiene una mayor posibilidad, y son conscientes de que el giro está próximo. Incluso pueden pasar mucho tiempo en análisis tratando de encontrar la relación adecuada entre tiempo/precio, y luego pueden tomar posiciones de calidad que tienen una ganancia inicial pequeña. Sin embargo, si el mercado continúa moviéndose bruscamente en la dirección que llevaba, eventualmente serán eliminados del mercado. Esta circunstancia de trading da origen al antiguo dicho "No elijas picos y fondos", pero la realidad es que tarde o temprano un mercado debe tocar techo o fondo; los giros siempre tienen el menor riesgo y el mejor potencial de recompensa.

Encontrar esos giros es un problema completamente diferente, y ni siquiera entro en eso en este libro porque no es relevante. En el estado actual del mercado, estoy de la opinión de que todos los recursos e información necesarios para identificar grandes momentos de inflexión están fácilmente accesibles en todas partes. El problema no es que no puedas reconocer los giros; el problema es que lo haces demasiado temprano.

El concepto de no apego sirve como base psicológica para esta regla. Muchos traders aún no han desarrollado la capacidad subyacente para separarse lo suficientemente emocionalmente de la actividad de precios. Si tenemos un sólido entendimiento del mercado en el que operamos, tenemos una gran confianza en nuestra estrategia y sabemos que no podremos obtener ganancias a menos que compremos barato y vendamos caro, entonces todo nuestro conocimiento y preparación, en algún momento, nos harán sentir la necesidad de tomar medidas inmediatas. Llegamos a la conclusión de que "ahora es el momento" y luego llevamos a cabo el plan. Hemos invertido una inversión personal tan significativa en llegar a ese juicio que ahora tenemos una conexión subliminal con la transacción en cuestión. En realidad, lo que tenemos es un apego al precio que se ejecutó realmente.

Cuando hemos desarrollado una conexión emocional con un precio específico, no se necesita mucho para empezar a creer que algo está "mal" si los precios no mejoran en una dirección positiva en un tiempo razonable. La dificultad es un apego a los precios, ya que los precios no cambian hasta que hay flujo de órdenes en ese lado, y este apego es lo que causa el problema. Si el precio que eliges no está relativamente cerca de donde está el flujo de órdenes, entonces ese trade no funcionará desde ese precio específico en ese momento específico. Esto se debe a que el flujo de órdenes no irá en la dirección que deseas. Es posible que eso suceda en el futuro, y es posible que sea más pronto que tarde, pero mientras tanto no hay necesidad de preocuparse. La teoría del mercado que sostienes actualmente podría ser una representación precisa del futuro que el mercado tiene reservado, pero en esta relación específica precio/tiempo, estás en el lado perdedor y simplemente no tienes más opción que apartarte. Lo que realmente está sucediendo en el mercado no tiene nada que ver con cómo te sientes acerca de esa transacción, cuán conocedor eres o cuán comprometido estás en participar en el mercado.

Al estar dispuesto a aceptar el primer contratiempo, te sacas a ti mismo de la ecuación. Debes tener en cuenta que mencioné "aceptar la pérdida". En este momento, el problema no proviene del mercado en sí. El problema está con el trader y las cadenas a las que se han atado en cuanto a la teoría de la operación. Cuanto más educado, experimentado o exitoso se vuelve un trader, más probable es que desarrolle un apego al trade. Esto es especialmente cierto si el trader ha ganado una cantidad significativa de dinero en cierto mercado en el pasado.

La clave para hacer que esta regla funcione a tu favor es cultivar la capacidad de separarte emocionalmente de los resultados de tus operaciones. Es bastante improbable que un solo trader prediga correctamente un giro en el mercado en el día y la hora exactos en que realmente ocurre.

Es probable que estés cerca del precio y del tiempo en el que ocurra un giro en el mercado en relación con tu período de tiempo y el enfoque que estás utilizando. A lo largo de tu carrera como trader, es probable que siempre experimentes un número un poco mayor de operaciones perdedoras que ganadoras. Tu incapacidad para reevaluar tu hipótesis se debe a estar emocionalmente vinculado o estar altamente dedicado a una región de precio, una transacción o un lado específico. Es posible que tengas toda la razón acerca de la dirección que tomará el mercado a largo plazo, pero en este momento exacto, estás en el lado equivocado del flujo de órdenes. En lugar de debatirlo, intenta verlo desde un ángulo diferente.

Tanto tu autoconciencia como el enfoque que tomes serán necesarios para que esta regla funcione a tu favor. Buscamos una ventaja competitiva en el mercado, y el objetivo de desarrollar un sistema de selección de operaciones es localizar y capitalizar esas oportunidades. La autoconciencia es un paso completamente separado en el proceso de trading; sin embargo, es un componente esencial de nuestra ventaja competitiva. Solo nosotros, como traders individuales, podemos tomar la determinación de que "ahora es el momento" para que nuestra estrategia de trading sea relativamente precisa, y solo nosotros, como traders, podemos reconocer que no está funcionando. Cuanto menos conexión tengamos con cualquier operación que realicemos, mejor será nuestro éxito general; independientemente de las circunstancias, nuestro sistema de trading nunca tendrá operaciones que sean ganadoras en todos los casos.

Debido a que cada pérdida nos enseña algo nuevo y valioso, la primera que experimentamos siempre es la mejor. Una pérdida indica que en este momento estamos del lado del flujo de órdenes que está perdiendo dinero. Eso no implica que nuestra hipótesis de operación no será correcta en algún momento; no implica que nosotros, como traders, hayamos hecho algo "mal"; y no implica que no podamos hacer otra operación desde el mismo lado y que funcione en algún momento en el futuro. Lo único que debes estar dispuesto a aceptar de una pérdida son las valiosas lecciones que te enseña. Tú, como trader, corres el riesgo de sufrir otra pérdida por la misma razón, no conocer el flujo de órdenes, si ignoras ese conocimiento, te niegas a admitir que tu hipótesis no es una representación precisa de la estructura del mercado o justificas ejecutar nuevamente desde el mismo lado sin pensarlo. Tu primera derrota es realmente tu mejor oportunidad para aprender, ya que te permite enfocarte en las dos únicas aspectos verdaderamente importantes de la competencia: (1) Ir al lado correcto; (2) si ya estás en el lado incorrecto, salir inmediatamente. Cualquiera sea tu sentir o acción ante tu primera pérdida —ignorarla, culpar a otra persona, racionalizarla, enojarte— nada de esto evitará que experimentes una segunda pérdida. Lo único que puede evitar que ocurra otra pérdida es descubrir qué causó la pérdida anterior y determinar si tu conexión con el objetivo que deseas lograr es un factor contribuyente al problema. Necesitas tener una cantidad razonable de disposición para admitir que tu hipótesis puede ser prematura o completamente incorrecta, incluso si has hecho un trabajo magistral de investigación previa a la operación y has llegado a una conclusión razonable que es lo suficientemente fuerte como para comprometerte. Esto es necesario incluso si has llegado a una conclusión que es razonable y lo suficientemente fuerte como para comprometerte. Imagina que estás 100 por ciento en lo correcto, pero tu predicción se equivoca por seis meses. Si decides ignorar la información que tu primera pérdida de trading puede proporcionar, corres el riesgo de agotar una parte significativa de tu capital de trading disponible. Si tu hipótesis de operación es completamente incorrecta, entonces corres el riesgo de sufrir una pérdida total si decides ignorar la información proporcionada por tu primera pérdida y continuar operando.

Si eres capaz de decirte a ti mismo con toda honestidad: "No me importa lo que suceda en ninguna operación", estás mucho más cerca de obtener la respuesta real a la pregunta "¿Qué causó la pérdida?", porque lo único que causa una pérdida es estar en el lado perdedor del flujo de órdenes. Si eres capaz de decirte a ti mismo: "No me importa lo que suceda en ninguna operación", estás mucho más cerca de obtener la respuesta real. Si eres capaz de dejar de lado toda tu investigación y análisis, así como la incomodidad física y mental causada por un débito en efectivo en tu cuenta o la frustración emocional, entonces es probable que estés en posición de mirar objetivamente al mercado y encontrar las pistas sobre su estructura actual en ese momento. Estar en el lado rentable del flujo de órdenes podría implicar iniciar otra operación desde el mismo lado al mismo precio, pero también podría significar algo completamente diferente. Podrías estar bastante cerca del giro para el próximo movimiento significativo, pero hay una posibilidad de que no lo veas en absoluto si te niegas a abrazar la lección que la primera derrota está tratando de enseñarte: "Aún no". Esta regla tiene el potencial de ser una herramienta muy útil para tu éxito a largo plazo. Aunque pueda parecer un oxímoron decir que sufriste una pérdida por todas las razones correctas, la psicología subyacente de esta regla realmente podría ser de gran ventaja para ti. Una pérdida solo indica que podrías estar haciendo tu predicción demasiado pronto. Ese es un desafío realmente deseable de enfrentar. En última instancia, para tener éxito en aprovechar una disparidad genuina en el mercado, deberás demostrar cierto grado de previsión. La capacidad de tener ese tipo de previsión es algo que se puede cultivar. Una vez que hayas alcanzado cierto nivel de esta previsión, la siguiente habilidad que deberás cultivar es la capacidad de sincronizar tus operaciones de manera que ocurran lo suficientemente cerca del momento en que realmente se está produciendo el cambio real en el flujo de órdenes. No importa cuán efectivamente desarrolles esa experiencia de manera individual o cómo construyas y mantengas personalmente tu ventaja, habrá ocasiones en las que te encuentres por delante del cronograma. Supón que te enfrentarás a ese problema y adopta la mentalidad de que tu primera derrota es una oportunidad para demostrarte a ti mismo. Mantén un completo desapego del resultado, haz una prioridad comprender el flujo de órdenes y permite que tu primera derrota te enseñe algo sobre cómo llegaste a esa posición. No luches contra el mercado; siempre gana. Presta atención a lo que tiene que decir. Está abierto a la idea de que tu teoría puede estar completamente equivocada por el momento y esté dispuesto a aceptar esta opción.

Capítulo Cinco

Análisis Técnico

A pesar de que sería beneficioso sumergirse directamente en el dominio del análisis técnico, todavía es una buena idea tener una comprensión general del tema. Cuando los expertos financieros llegan a una conclusión sobre una inversión, a menudo tienen en cuenta datos básicos como el estado de la economía, el clima político y las tendencias demográficas. Miran al pasado para hacer predicciones sobre lo que podría ocurrir en el futuro. Esto no significa que estén visitando un oráculo místico; más bien, indica que están participando en el análisis técnico del mercado. Este campo depende de tener acceso a grandes volúmenes de información precisa y actualizada sobre precios pasados que sea fácilmente accesible para los sistemas informáticos que utilizan. Aunque se basa en gran medida en observaciones de la naturaleza humana, el análisis técnico no es lo mismo que el campo académico de la psicología. El flujo y reflujo de los precios reflejan cómo los inversores y especuladores responden de la misma manera a los mismos tipos de eventos una y otra vez, y este hecho se refleja en la acción del precio. Si se sigue este comportamiento a lo largo del tiempo, pueden observarse patrones en el movimiento de precios. Algunos de estos patrones son parte del enfoque aceptado por la industria conocido como análisis técnico convencional, mientras que otros son creaciones originales de los analistas mismos, basadas en sus propias observaciones y modelos matemáticos. Para cada uno de estos propósitos, la prueba de hipótesis y la refinación de sus parámetros requieren el uso de datos históricos. Cuando, por ejemplo, los traders de divisas están determinando si comprar o no yenes, pueden mirar un gráfico de precios de yenes durante el año anterior para decidir si el último aumento ha llegado a su fin. Esto les ayuda a evaluar si es un buen momento para adquirir yenes. Debido a que se muestra gráficamente, se puede estudiar muy rápidamente. Al extender la cobertura del gráfico para incluir años adicionales, pueden ubicar fácilmente más instancias en las que el yen subió rápidamente y determinar qué ocurrió poco después de que lo hizo. El Pasado se Repite. Los patrones de precios basados en el análisis técnico a menudo son seguidos por respuestas de tipo similar. Por ejemplo, si los precios estaban aumentando y luego comenzaron a operar en un rango pequeño, las características (forma y tamaño) del rango se pueden utilizar para determinar qué tan lejos se moverá el mercado una vez que se haya completado el patrón. Esto es posible porque la forma del rango indica qué tan lejos se moverá el mercado una vez que se haya completado el patrón. Esto no es solo una hipótesis; más bien, es una condición (respuesta humana) que tiene una probabilidad muy alta de ocurrir basada en el hecho de que miles de eventos con un patrón similar han ocurrido en el pasado. Cuantos más datos históricos tenga un inversor a su disposición, más observaciones históricas podrá hacer, lo que a su vez aumenta la probabilidad de que el inversor tome la decisión adecuada de comprar o vender. En lo que respecta a tomar decisiones como estas, el beneficio más significativo de utilizar una base de datos históricos es que proporciona al trader o analista perspectiva. Hasta que se vea como parte de un gráfico más amplio que ha estado cayendo durante los últimos seis meses, una fuerte ganancia de precio en una mercancía hoy puede interpretarse mejor como una oportunidad para vender en lugar de una para comprar más. Uno de los argumentos más significativos en contra del análisis técnico es que es una especie de profecía autocumplida. Parece justo que aquellos que ingresan temprano puedan lucir un sombrero que diga "haciendo dinero, no proyecciones". Después de retroceder para mirar las ganancias por un segundo, es importante reconocer que la crítica es correcta en ciertos casos. Un mercado que sube por encima de la parte superior de un patrón técnico se considera que ha roto el patrón y debe comprarse según un significado del término "ruptura técnica". Los especuladores que operan en marcos de tiempo cortos y observan esta compra, provocan que el mercado se dispare más alto debido a la mayor demanda. Esto funciona bastante bien durante la primera ruptura, ya que atrae a nuevos compradores al mercado. Sin embargo, el rally será infructuoso a menos que haya elementos técnicos adicionales que respalden el aumento. En este escenario particular, la profecía no se cumplirá. Para que un rally continúe durante un período prolongado, debe haber una demanda creciente, así como una participación creciente de la población en general (individual o institucional). Las verdaderas rupturas a menudo son precedidas por cambios en el estado técnico del mercado subyacente, tienen ciertas características de confirmación en el momento de la ruptura y luego están seguidas por signos técnicos mejorados. Los rallies, patrones de gráficos y rupturas pueden medirse y rastrearse, ya que las personas tienden a repetir sus actos. A pesar de que esto debilita la teoría de la profecía autocumplida, todas estas cosas pueden medirse y rastrearse. En el mercado financiero de hoy, se produce un patrón triangular por muchas de las mismas razones que se desarrolló en el mercado financiero del pasado. Si vemos una ruptura en este momento, es probable que tengamos el mismo resultado.

De la misma manera que diferentes copos de nieve parecen todos iguales, la historia tiende a repetirse. Parecen iguales cuando se ven desde lejos. Sin embargo, al examinarlos con un microscopio, las distinciones entre ellos pueden verse más claramente. Cuando se enfrentan a condiciones comparables, es probable que los participantes humanos en el mercado actúen de manera consistente entre sí. Por ejemplo, si un rally se detiene y se desarrolla un patrón triangular en los gráficos, tanto compradores como vendedores se vuelven más indecisos sobre qué curso de acción tomar. Mientras esperan a que alguna fuerza externa desencadene el próximo movimiento, ya sea al alza o a la baja, compran y venden con menos convicción. El hecho de que haya al menos cinco versiones distintas de triángulos nos revela que estas etapas de creciente incertidumbre no son precisamente iguales entre sí.

¿Qué sentido tiene todo esto para un joven aspirante a técnico? Cuando se trata de ganar dinero en el mercado, lo más importante es recordar seguir las pautas fundamentales, pero también debemos ser lo suficientemente adaptables para responder rápidamente cuando las cosas no salen según lo planeado.

Esto proporciona un resumen conciso de las similitudes entre varios comportamientos del mercado sin limitarnos a definiciones específicas. Cuando se enfrentan a circunstancias comparables, las personas tienden a comportarse de manera similar. Estamos mejor al haberlas hecho. Sin embargo, hay un flujo constante de nuevas personas en el mercado que aún no han adquirido el conocimiento necesario.

Repetición, así como rimas. ¿Es cierto que no hay dos copos de nieve exactamente iguales? ¿La misma tormenta cae dos veces? ¿Continúa un mercado alcista avanzando a la misma velocidad durante la misma cantidad de tiempo? Se atribuye a Mark Twain la observación de que "se ha demostrado que la historia no se repite. Pero rima". A pesar de que el mercado actual puede tener muchas similitudes con los mercados del pasado, no hay forma de saber con certeza absoluta cómo se comportará en el futuro. Es posible que suba, pero no tan rápido. O bien se detendrá para descansar en un rango comercial muy tranquilo o se detendrá para descansar en un rango comercial bastante tumultuoso.

Cuando hay tantos factores que podrían influir en el mercado, es bastante improbable que tener el ochenta o noventa por ciento de esos factores alineados marque la diferencia en la elección de comprar, vender o mantener una inversión. Puede cambiar la dirección o magnitud del rally, pero no afectará la decisión de comprar o vender.

La teoría del análisis técnico del mercado. La gran mayoría de las personas están interesadas en obtener alguna comprensión de cómo funciona un automóvil, principalmente para familiarizarse con sus controles y determinar cuándo necesita servicio. El desarrollo de una teoría de mercado técnicamente sólida requiere un extenso trabajo, años de experimentación minuciosa y muchos años de experiencia práctica. En este punto, es comparable al automóvil en el sentido de que los fundamentos deben explicarse. Llegar al nivel de un experto requiere más tiempo. La lectura de gráficos es una habilidad importante para nosotros como inversores técnicos. Lo más importante es concebir un gráfico en términos psicológicos en lugar de visuales. Dicho de otra manera, el soporte es el nivel de precio en el cual la ferocidad de la venta por parte de los bajistas ha disminuido hasta el punto en que puede equilibrarse con la creciente agresividad de la compra por parte de los alcistas. El precio en el cual la compra agresiva por parte de los alcistas se ha desacelerado hasta el punto en que puede equilibrarse con una venta más agresiva por parte de los bajistas se denomina nivel de resistencia.

Una introducción a los fundamentos del análisis técnico Las acciones de la multitud se reflejan en los patrones de los gráficos. Debido a que se construyen a partir de transacciones reales, reflejan eficazmente la manera en que un grupo de inversores, traders, especuladores y coberturistas han puesto su dinero donde han estado colectivamente sus bocas a lo largo del tiempo. Las personas tienden a engañarse creyendo que son pensadores independientes y que el pensamiento lógico y razonable a menudo prevalece en la mayoría de las situaciones. También podrían tener la humildad de reconocer que otras personas tienen puntos de vista legítimos, algunos de los cuales incluso podrían ser superiores a los suyos.

Cuando las mismas personas capaces de un pensamiento lógico están rodeadas por una multitud, tienden a adherirse a las normas de la multitud. Incluso cuando el análisis de un individuo es sólido, resulta inquietante mantener una posición minoritaria debido al estigma asociado. Cuando uno es miembro de un grupo grande, se pierde la humildad, ya que todos en el grupo comienzan a creer que ellos (la multitud) siempre tienen la razón. No hay lugar para opiniones opuestas. A menudo se ignoran los hechos que contradicen el consenso general.

El accidente que ocurrió en 1987 se

presentó como un ejemplo en la sección anterior. La creciente demanda de compras de acciones llevó a un aumento en los precios del mercado. Incluso si hubiera pruebas crecientes de que se avecinaba un desastre, la voz ocasional en desacuerdo fue etiquetada como "profeta del desastre". Cuando un mercado alcanza su punto más bajo, el mismo criterio es cierto. El público solo está al tanto de desarrollos negativos y, como resultado, el mercado continúa cayendo. Las circunstancias cambiantes se ignoran, al igual que lo hicieron en 1982, a pesar de que el comienzo del mercado alcista más largo de la historia estaba a la vuelta de la esquina.

Los analistas técnicos están equipados con las herramientas necesarias para rastrear las tendencias cambiantes. La convicción que proviene de tener confianza en el propio análisis permite actuar de manera independiente, en contra de la corriente de la mayoría, si eso se vuelve necesario.

Contrastando Mitos y Hechos La

profecía autocumplida, basar la acción futura del precio en el rendimiento pasado e interpretar las hojas de té son tres de los mitos del análisis técnico que se han discutido hasta ahora. Existe la posibilidad de que una profecía autocumplida se haga realidad. Cuando el precio de una acción se dispara hacia arriba desde un patrón de gráfico existente, nuevos compradores son atraídos hacia la acción. Hacen subir el precio, lo que, a su vez, atrae a más clientes que desean realizar una compra.

El problema con esta explicación es que combina involuntariamente un análisis a corto plazo con un análisis a largo plazo, así como una acción única (ruptura) en una sola narrativa. Si los traders a corto plazo hubieran estado utilizando un análisis a corto plazo, habrían sabido comprar antes de la ruptura. El análisis a largo plazo lo corroboraría con un impulso creciente (los precios avanzan decididamente) y un volumen mayor si las circunstancias técnicas continúan fortaleciéndose después de la ruptura.

Esto sería así si la ruptura tuviera éxito (más acciones cambian de manos, lo que sugiere una participación pública más amplia). Los cambios en los hechos básicos eventualmente llegarían a todos los inversores, lo que resultaría en una mejora en el sentimiento del inversor.

El tema del rendimiento pasado también es uno de los temas favoritos de los críticos. ¿Cómo se pueden utilizar los resultados del pasado para predecir el futuro? Según la hipótesis de la "caminata aleatoria" de los mercados, si las fluctuaciones de precios son impredecibles, entonces no hay forma de predecirlas. Sin embargo, los precios no se determinan al azar. Los precios se determinan calculando el valor y luego ajustándolo al alza o a la baja según cómo los humanos perciben ese valor. El valor calculado cambia de manera predecible según la economía y la empresa específica. La forma en que se percibe el valor también puede cambiar de maneras predecibles.

Es imposible predecir cómo cambiarán

las perspectivas de las personas, pero dichos cambios pueden cuantificarse observando cómo los compradores y vendedores están participando actualmente en el mercado. Comprar y vender dejan huellas mensurables en los gráficos, y como los humanos tienden a comportarse de manera similar cuando se les presentan circunstancias similares, es posible prever lo que hará el mercado, como la suma de todos los humanos que participan en él, a continuación. Comprar y vender dejan huellas mensurables en los gráficos. El rendimiento de las acciones en el pasado no puede considerarse como un indicador confiable de su comportamiento futuro. Más bien, la oferta y la demanda están determinadas por la naturaleza y alcance de la operación que está teniendo lugar en este momento, así como por el conocimiento probado y verdadero de lo que las personas hicieron en respuesta a situaciones análogas en el pasado. Esto permite proyecciones precisas de los precios futuros.

Los Elementos Fundamentales de un Análisis Técnico Los componentes principales del análisis técnico que los analistas pueden cuantificar objetivamente e incluir en estrategias comerciales son los siguientes: Algunos de ellos son: • Precio. • Volumen. • Tiempo. • Sentimiento.

El precio es el aspecto más esencial de estos muchos elementos; los cambios en el precio entre compras y ventas son la forma en que evaluamos las ganancias y pérdidas. Recibe justificadamente la mayor atención tanto de analistas como de académicos, pero si los cuatro se pueden usar juntos, la probabilidad de hacer juicios fructíferos puede aumentar significativamente.

El término "volumen" abarca varias ideas y métricas, incluyendo "acumulación y distribución", "amplitud de mercado", "interés abierto" y "conteo de operaciones". Cuando se observan la duración, los ciclos, la estacionalidad y las conexiones entre patrones y tendencias se incluyen todos bajo el término general "tiempo". Por último, el sentimiento es un área más subjetiva que busca determinar puramente si las masas, es decir, el consenso de los inversores, se inclinan demasiado en una dirección. Este es el último paso en el proceso. En ese momento, es de su interés pensar en posicionarse en contra de la multitud. Los indicadores, como las conversaciones escuchadas en fiestas y las primas aplicadas a las opciones, también desempeñan una función aquí.

¿Qué implica verdaderamente "Análisis Técnico"? Este enfoque para la investigación de mercado ha recibido un nombre tan malo, "técnico", y es completamente injusto. Requiere aproximadamente el mismo nivel de habilidad técnica que cantar. El diseño de placas de circuito electrónico es un proceso muy desafiante. Se necesita mucho conocimiento técnico para crear un nuevo dispositivo de implante biomédico. Eso no es correcto en absoluto. Es cierto que hay palabras especializadas e investigación laboriosa. La modelización matemática también puede desempeñar un papel, pero cuando se eliminan todos los componentes de nivel avanzado, todo lo que queda es una herramienta que los traders e inversores emplean al determinar si comprar o vender una acción, bono, divisa o materia prima. El trabajo de un carpintero es un buen ejemplo a considerar en este contexto. Los técnicos de mercado siempre llevan consigo una caja de herramientas técnica, que está equipada con diversas investigaciones, tendencias y clasificaciones del mercado. El carpintero no conduce el clavo con un destornillador, sino con un martillo. En lugar de utilizar regresión lineal, el analista técnico puede utilizar un indicador de impulso para determinar si el mercado está sano o no. Ambas herramientas son útiles, pero cada una destaca en una situación específica. Los analistas técnicos ni siquiera anticipan estar en lo correcto el 100% del tiempo en sus juicios y recomendaciones. Una tasa de éxito del sesenta por ciento, siempre que se ejerza una gestión financiera adecuada y control del ego, colocará a una persona al frente de la clase. Un cirujano o una persona que trabaja en una torre de control de aeropuertos deberían tener una tasa de éxito algo superior al promedio. La perfección requiere habilidad técnica. El análisis del mercado no lo es. Entonces, ¿cómo es comparable el análisis musical al canto? En primer lugar, es algo que todos pueden hacer. Es posible que la mayoría de las personas no sean muy buenas en ello, por lo que no estarán dando conciertos para la Reina. Otros, con la instrucción, práctica y motivación adecuadas, podrán entender los fundamentos y hacer brillar sus carteras. Cantar ciertamente se puede descomponer en sus componentes fisiológicos, que incluyen la respiración, la postura y el control de la garganta. La dominancia del hemisferio derecho y quizás la habilidad musical intrínseca son dos explicaciones que los psicólogos pueden proporcionar. La gran mayoría de los cantantes, a excepción de aquellos que actúan en los niveles profesionales más altos, no estudian estos componentes. En lugar de eso, tienen una comprensión fundamental del canto y cantan por el placer de hacerlo. A medida que lees este libro y adquieres conocimientos sobre el análisis de mercado, deberías tener la impresión de que esto es así. Porque no estás buscando convertirte en un trader técnico de élite en esta etapa de tu carrera de inversión, no necesitas estar familiarizado con todas las investigaciones realizadas o cada estrategia utilizada por los mejores traders técnicos. Cuando comienzas a ver mejoras en tu rendimiento, puedes empezar a divertirte. Es posible que te obsesiones con los gráficos y decidas que tu principal área de estudio debe ser el análisis técnico. O tal vez no. No puedes despertarte un día y empezar a cantar como Frank Sinatra si solo has hecho karaoke antes. Se le ha dado a la disciplina del análisis técnico un nombre poco descriptivo. El término "análisis técnico" no debe confundirse con campos "técnicos" como la electrónica; más bien, se refiere a un proceso de diagnóstico. Componentes. La habilidad de reconocer los momentos de cambio en el mercado en una etapa razonablemente temprana se llama análisis técnico, y es una especialidad dentro de las finanzas. El objetivo de la mayoría de los traders, con excepción de los más agresivos, es aprovechar la mayor parte de la tendencia el mayor tiempo posible sin intentar señalar los picos y fondos precisos del mercado. El Gráfico. El gráfico es el elemento fundamental del proceso de análisis técnico. Dependiendo de cuán profundo sea el estudio, el gráfico registrará todos los datos pertinentes y los presentará de una manera que tenga sentido. Cómo llegó el mercado a donde está en un momento determinado es la información más esencial que puede surgir de él, entre toda la información que pueda surgir de él. La forma en que pasó de precio A a precio B a lo largo del tiempo muestra mucho sobre la oferta y la demanda, la actitud del inversor y el potencial de precio previamente no realizado. Imagina un mercado que ha estado operando dentro de un rango de precios relativamente estrecho durante los últimos meses. No ha habido mucha información nueva ni actividad comercial, y la negociación ha sido bastante lenta. En resumen, el mercado no es interesante. Muy pocas personas tienen interés en seguirlo en absoluto. Un día, el volumen de operaciones se duplica inesperadamente. Debido al volumen modesto que se considera típico, este doblete todavía es en su mayoría ignorado por el público en general; sin embargo, las personas que hicieron compras ese día sabían que algo estaba sucediendo. Es posible que todo lo que supieran fuera que creían entender algo, pero el resultado final es el mismo: el volumen se ha duplicado. Aumenta la demanda, sin importar las razones. El mercado comienza a subir después de romper su rango de precios, algo que los expertos en el mercado llaman un patrón de base o consolidación. Por lo general, la excelente noticia que provocó esta ruptura se revela al público, y el rally comienza en serio poco después. ¿Es este conocimiento que se ha mantenido en secreto? No, ese no es el caso. Ten en cuenta que el flujo de información no siempre es perfecto. Alguien ya tenía conocimiento previo de ello o estaba dispuesto a arriesgarse a que fuera correcto. Si todas las personas tuvieran acceso al mismo conocimiento al mismo tiempo, no habría tal cosa como un mercado alcista o bajista. Tomaría apenas un momento para que los precios pasaran de un nivel de equilibrio al siguiente. Para determinar si un mercado se encuentra en las fases tempranas, medias o tardías de una tendencia, el análisis técnico hace un esfuerzo por determinar dónde se encuentra en el proceso de distribución de información y dónde se encuentra actualmente el mercado. Los Miembros del Reparto. Se pueden agregar indicadores que midan el impulso del mercado (cuán rápido se está moviendo el mercado), el volumen de operaciones (cuánta fuerza hay detrás de los cambios) e incluso el orden natural del comportamiento de la multitud al gráfico básico. Esto permite un análisis más preciso del mercado (sentimiento). Por ejemplo, un análisis técnico integral de una empresa también puede incluir una evaluación técnica de datos básicos como ganancias y dividendos. Cuando afirmamos que la empresa XYZ ha aumentado su dividendo durante los últimos 20 trimestres consecutivos, estamos diciendo que la tendencia de los dividendos está creciendo a un ritmo constante. Si un gráfico de ganancias muestra una pendiente que sube constantemente, es probable que los precios de las acciones sigan pronto. En este libro, habrá una cantidad mínima de discusión dedicada a diversas investigaciones. No pretende enseñar un conjunto completo de herramientas técnicas; más bien, está diseñado para mejorar tus habilidades de toma de decisiones. Hay mucha literatura especializada útil en la que puedes buscar ayuda para esa tarea. ¿Qué es exactamente el mercado de todos modos? El mercado de acciones, bonos, materias primas o intercambio de divisas está constituido por compradores y vendedores, al igual que los estudiantes aprenden en cursos de introducción a la economía. El nivel de oferta y demanda en el mercado es lo que determina el precio al que negocian. Los pasos del procedimiento se dividen aún más en la siguiente lista. Como se puede ver, las opiniones de las personas que participan en un mercado son el factor principal que lo mueve. • Los participantes del mercado incluyen compradores y vendedores. • La oferta y la demanda son los factores principales que influyen en el precio. • El nivel de agresión mostrado por toros y osos en el mercado es lo que determina en última instancia la oferta y la demanda. • El valor se ve de manera diferente por diferentes personas, lo que puede llevar a un comportamiento alcista o bajista.

Cabe destacar que la cantidad real no está incluida en la lista. Lo que un mercado debería valer según modelos matemáticos y económicos no es el elemento decisivo en los precios que se muestran en las tablas que aparecen en el periódico de la mañana. El papel del análisis técnico es rastrear las desviaciones que ocurren entre la predicción y el valor que realmente se experimenta.

La Manada. Un componente esencial del análisis técnico es el estudio de la psicología de grandes grupos de personas, comúnmente conocido como "mentalidad de la manada". ¿Por qué la gente hace esto? Los inversores y traders son, no obstante, seres humanos a pesar de sus profesiones. Al igual que sus contrapartes animales, los humanos tienen una fuerte necesidad de ser aceptados, y para sentirse psicológicamente seguros, seguirán a la manada. Continuando con el tema de los animales, pretendamos que una manada de cebras en África nota un peligro potencial causado por una manada de leones en la zona. La manada comienza a avanzar. Todas las cebras se mantienen agrupadas para que los leones solo puedan ver una mezcla caótica de rayas blancas y negras. Esto parece ser un patrón continuo. Mientras la manada se mueva, las cebras individuales se sentirán seguras ya que seguirán adelante con ella. Una de las frases más conocidas en el ámbito financiero es "la tendencia es tu amiga", y puedes pensar en esto como la versión zoológica de esa expresión. Imagina por un momento que la manada está tan absorta con la acción de correr que olvida mirar hacia adelante al entorno cambiante. Se divisa un gran barranco más adelante. Aquí, en la conclusión, la tendencia ya no es tu amiga, por lo que la cebra individual debería buscar una manera de separarse de la manada para escapar de una muerte segura. Ir en contra de la corriente y destacarse de la manada es una empresa solitaria, ya sea que seas una cebra o una inversión. La cebra tiene que pensar si el león todavía está en la zona. El inversor individual tiene que evaluar la inquietud psicológica que conlleva ir en contra de la multitud frente a la inquietud financiera que conlleva quedarse con la manada después de que la subida haya terminado. Entonces, ¿qué es exactamente el mercado? Es la agregación de comportamientos y perspectivas de todos los participantes en la actividad. Es similar a cómo millones de células nerviosas en el cerebro cobran vida al mismo tiempo, lo que resulta en el desarrollo de su propia conciencia. Dado que ninguna célula en un cuerpo vivo es más vital que el organismo en su conjunto, es imperativo que nosotros, como células individuales, recordemos nuestros roles adecuados. No hay forma de que el mercado pueda estar equivocado.

Capítulo Seis

Gráficos

Hay gráficos por dondequiera que mires. Los utilizamos para controlar cómo se desarrollan nuestros hijos, para determinar cómo clasificarnos demográficamente y para saber cómo estará el clima en los próximos cinco días. Los gráficos se utilizan siempre que sea necesario ilustrar cómo algo se desarrolla con el tiempo o cómo se puede descomponer en sus componentes. Al tratar con inversiones, es práctica común registrar la progresión de los precios a lo largo del tiempo. Este gráfico fundamental es donde comienza el análisis técnico. Una imagen vale más que mil palabras, como dice el viejo dicho. Para entender hacia dónde se dirigen los precios, primero hay que comprender de dónde vienen. Esta es la suposición fundamental que sustenta la práctica del análisis técnico. En los primeros días de la negociación de acciones, leer la cinta de transacciones era la única opción disponible, ya que era la única forma de averiguar dónde habían estado los precios. Un número relativamente limitado de personas podía ver la grabación. La gran mayoría de nosotros no estamos trabajando en el piso de la bolsa; por lo tanto, las computadoras leen la cinta y transmiten los precios a las pantallas y periódicos domésticos. Sin embargo, incluso obtener una comprensión general del mercado a partir de estas estimaciones es bastante difícil. Investigar inversiones se vuelve más difícil a medida que se monitorean más acciones (o otras clases de activos como fondos mutuos, bonos o futuros). La memoria solo puede retener cierta cantidad de datos y conocimientos a la vez. Pasemos al gráfico. Es posible saber de un vistazo no solo cuál es el precio actual de la acción, sino también cómo llegó a ese precio al mapear los precios de cierre de las acciones u otros instrumentos en papel (o en la pantalla de una computadora), que se hace diariamente. Es cierto que MicroGiant ahora cotiza a $65.50, un aumento de 1/2 punto, pero

¿estaba en $60 o $70 hace una semana? Los gráficos condensan todos los datos en un solo lugar, lo que permite digerir visualmente la información siempre que sea necesario.

¿Qué está sucediendo realmente detrás de escena para crear los gráficos? Los patrones que aparecen en los gráficos no son el resultado de un proceso de generación aleatorio. Los patrones que vemos se forman cuando personas reales, actuando en sus propios intereses individuales, compran y venden acciones, bonos, divisas o materias primas en busca de ganancias financieras. Aunque es cierto que las computadoras pueden generar formas y movimientos de esa manera, los patrones que vemos se forman cuando las computadoras los generan. Realizan una acción, esa acción se registra y los patrones que vemos son el resultado de las actuaciones agregadas de todos los participantes. Punto. No hay tal cosa como una conspiración, y tampoco hay tal cosa como azar aleatorio. Cuando se introduce información fresca en el mercado, como el inminente lanzamiento de un nuevo producto o condiciones climáticas que podrían dañar los cultivos, algunos jugadores se moverán rápidamente y con fuerza. Otros se moverán rápidamente pero con extrema precaución. Otros, sin embargo, no tomarán ninguna medida en absoluto. Estas son las personas que tienen acceso a las noticias primero, pero no todos tendrán la misma suerte. Las personas reciben y procesan la información a velocidades variadas a medida que circula por el mercado. Esto ocurre simultáneamente con la difusión de la información. El comportamiento agregado de todas estas categorías distintas de personas deja huellas y senderos distintos, que tienden a parecerse entre sí cuando las condiciones aplicables son las mismas. En otras palabras, las probabilidades están a favor de seguir la ruta "B" cuando emerge el patrón "A". No hay garantías, pero en el negocio de la inversión, incluso una pequeña ventaja, como un aumento en la probabilidad, puede resultar en operaciones rentables.

Indecisión así como la Armonización de Necesidades El miedo y la codicia son las fuerzas impulsoras detrás de las tendencias del mercado tanto en mercados alcistas como bajistas; sin embargo, a pesar de que el curso de los precios puede zigzaguear y cambiar en un número infinito de patrones, las causas de cada tendencia son las mismas. El concepto de oferta y demanda es simplemente otra forma de expresarlo; no obstante, esto es solo una derivación del razonamiento fundamental detrás de por qué los inversores se comportan de la manera en que lo hacen. Por ejemplo, después de que termina un rally, la demanda se agota porque muchas personas ya han realizado compras. Al menos algunos pueden buscar vender para asegurar sus ganancias, lo que llevará a un aumento en la oferta. Cuando se combinan ambos, es imposible que los precios no se estabilicen, si no caen realmente. Sin embargo, en algún momento, el nivel de codicia de las personas por ganar dinero y su miedo a perderlo juegan un papel en si la demanda aumenta y la oferta disminuye, lo que lleva a precios más altos que antes. La magnitud de la disminución tiene una correlación directa con el nivel de actividad que los toros y los osos están generando en sus respectivas actividades, y proporciona un camino para que el analista técnico lo siga. Hay ocasiones en que las pistas no son muy evidentes y hay otras ocasiones en que son bastante obvias; no obstante, todas ellas pueden ser seguidas y comparadas con otros patrones que han ocurrido antes. Una vez que se identifican los patrones, los inversores pueden planificar seguir rutas habituales particulares para ellos una vez que esos patrones cesen. Según los analistas, esto es o bien un breakout (ruptura) o un breakdown (quiebre). Podríamos referirnos a esto como un cambio radical en el sentimiento de los inversores, que pasaron de estar inciertos sobre la dirección en la que se moverá el mercado a estar seguros y tomar medidas. Tomar el Camino de Menor Resistencia El campo de investigación conocido como finanzas conductuales está ganando popularidad y tiene como objetivo comprender las razones detrás de las acciones tomadas por los inversores. Por ejemplo, el inversor típico preferiría asegurar una pequeña ganancia en lugar de correr el riesgo de verla evaporarse al mismo tiempo que permitieron que una modesta pérdida se convirtiera en una pérdida significativa, como muchos inversores hicieron durante el boom de Internet a fines de la década de 1990. Las personas racionales permitieron que sus inversiones perdieran el 99 por ciento de su valor porque creían que "no es una pérdida hasta que la vendes". Obviamente, es una afirmación ridícula. También va en contra de uno de los consejos más conocidos en el mundo de las finanzas, que es "corta tus pérdidas y deja correr tus ganancias". Después de todo, ¿qué tipo de inversor sensato seguiría aferrándose a las pérdidas mientras vende ganadores? Claro que no, pero así no es como funcionan las cosas en el mundo real. Los psicólogos te dirán que desafiar el conocimiento convencional es difícil y te lo harán saber. Lo que una persona hace en una cierta situación no siempre es lo opuesto exacto a lo que la misma persona hace cuando forma parte de un grupo más grande de personas. De la misma manera que los animales presa en las llanuras africanas buscan seguridad en números, los inversores se persuadirán a sí mismos para creer en la multitud cuando tengan la oportunidad de hacerlo. La influencia del pastoreo. Los inversores se comportan de manera bastante similar a un rebaño. Es simple y seguro al mismo tiempo. Es particularmente arriesgado porque las multitudes rara vez notan el final de las tendencias del mercado a medida que están ocurriendo, y extrapolan las tendencias y ganancias actuales hacia el futuro en un momento en que la tendencia está realmente cambiando.

Esto hace que sea muy difícil obtener beneficios del comportamiento de la multitud. Se preveía que el mercado de valores continuaría registrando ganancias del 20 por ciento cada año en el futuro durante finales de la década de 1990; sin embargo, un simple vistazo al año 2000 revela que este escenario no se desarrolló exactamente como se predijo. Los fundamentos del negocio de una empresa a menudo están en mal estado cuando comienza una tendencia alcista en los precios de las acciones. Según el informe del trimestre anterior, las ganancias eran bastante pobres. El sentimiento en el mercado es bastante negativo y muy pocas personas tienen algún interés real en el mercado en absoluto. Y mientras todo esto sucede, los precios de las acciones comienzan a subir. El estado de ánimo entre los inversores es de escepticismo y la población en general, a veces conocida como el rebaño, no está comprando. Cuando ocurre la primera caída, eventualmente, los medios de comunicación probablemente estarán llenos de analistas cuyo mantra es "ya te lo dije", y lo dirán con frecuencia. Pueden agregar que los precios subieron por alguna razón "técnica", pero es probable que no se den cuenta de que ya había razones técnicas mucho antes del verdadero fondo del mercado. Sin embargo, nos estamos adelantando y no deberíamos hacer más suposiciones. Luego, los precios de las acciones comienzan a subir nuevamente y, oh sorpresa, los fundamentos subyacentes comienzan a mejorar. Todos, desde expertos de Wall Street hasta inversores privados, están ahora felices con el mercado y durante este período del mercado, todos tienen razón. Ahora es el momento para que las masas se unan a la fiesta y todos están finalmente emocionados por el mercado. Todos participan en el éxito del rebaño y, como resultado, todos ganan dinero. Pero después, el mercado se estanca y comienza a declinar. Te tranquilizan diciendo: "No te alarmes; es solo una corrección". También tienen razón en este sentido. Las personas que no pudieron asistir a la demostración ahora tienen la oportunidad de hacerlo, se contabilizan las ganancias y las circunstancias que se volvían insoportables se alivian en cierta medida. Finalmente, se forma un fondo en el mercado como resultado de un aumento en las compras y una disminución de las ventas, y luego el mercado inicia su marcha ascendente. Los fundamentos subyacentes continúan pareciendo fuertes, pero a diferencia de la última parte del ascenso, los aspectos técnicos comienzan a deteriorarse gradualmente. Los analistas técnicos utilizan algo llamado indicadores de impulso para determinar si la velocidad del rally es más rápida que en el pasado. Es posible que el poder adquisitivo de los consumidores haya disminuido en grandes cantidades, lo que daría como resultado que los toros tengan acceso a menos combustible. Los analistas utilizan el volumen como herramienta de medición para esto. Las instituciones pueden comenzar a concentrarse en una lista cada vez más reducida de nombres como una forma de complacer a los inversores hambrientos durante la fiebre de acciones de rápido movimiento para apaciguar a los inversores hambrientos. Como resultado, las instituciones pueden abandonar ganancias estables a favor de las acciones de "momento" del día. También tiene sentido dado que las instituciones deben superar sus respectivos índices de referencia y la única forma de hacerlo es invertir en acciones que se muevan rápidamente. Wall Street se mete en problemas por la misma razón por la que lo hace Main Street cuando piensan solo a corto plazo, pero durante esta parte del mercado alcista, pensar a corto plazo es la norma en lugar de la excepción.

Los indicadores de amplitud y profundidad, como la línea avance-declinación, son las herramientas que utilizan los analistas técnicos para medir esto. Este indicador a menudo alcanzará su punto máximo mucho antes de un máximo significativo en los índices. El mercado se está volviendo más concentrado a medida que los índices continúan subiendo mientras la acción promedio sigue disminuyendo.

Sin embargo, los fundamentos son sólidos y la gente está ganando dinero, por lo que el estado de ánimo es generalmente optimista en todas partes, desde la sala de juntas hasta el club de cócteles, y el tema de conversación es sobre qué empresa será la próxima en destacarse. Aunque los analistas técnicos no pueden medir directamente el estado de ánimo de esta manera, hay enfoques alternativos para hacer lo mismo. Los comportamientos de los participantes del mercado demuestran que han ignorado por completo la posibilidad de que el mercado ni siquiera se recupere, y mucho menos que se hunda. Esto se puede ver en el mercado. Evitan técnicas que proporcionan protección contra pérdidas y coberturas, como mantener una cantidad justa de efectivo disponible, así como opciones, que ofrecen protección contra caídas. Estos dos se pueden medir utilizando los niveles de efectivo informados en los fondos mutuos y los índices de volatilidad en el Chicago Board Options Exchange, respectivamente.

También hay un instrumento de medición híbrido que se utiliza, y se conoce simplemente como el indicador de portada de revista. Esta herramienta se atribuye a Paul Montgomery Macrae. Cuando los informes sobre el mercado, ya sean positivos o negativos, están en la portada o en las principales noticias de los principales medios de comunicación, entonces el fin de esa tendencia está a solo cuestión de semanas, según la sabiduría convencional.

¿Por qué? Los medios de comunicación consistentemente proporcionan a sus lectores y oyentes contenido que satisface sus intereses. Cuando imprimen una pieza que promueve la euforia del mercado de valores, es porque creen que esto es lo que emocionaría al lector o espectador, y creen que esto solo puede ocurrir cuando las personas ya están completamente involucradas en el mercado y están dispuestas a asumir riesgos excesivos. En otras palabras, el tono es demasiado optimista y es inevitable que pronto alcancemos el destino. ¿Quién va a hacer compras ahora que todos ya han ingresado al mercado? O, dicho de otra manera, "¿de dónde vendrá la demanda?" en términos económicos. Se considera simplemente otra corrección cuando los precios de las acciones finalmente alcanzan su punto máximo y el mercado comienza a moverse en la otra dirección. La mayoría de los inversores tienen una postura alcista, lo que significa que cuando comienza la siguiente fase alcista, nuevamente habrá una actitud de "ya te lo dije"; sin embargo, esta vez será a precios más altos. Sin embargo, esta vez el aumento no es tan fuerte como antes, y todos los nuevos compradores siguen al rebaño justo al borde del precipicio. Incluso mientras el rebaño tiene razón mientras la tendencia está en efecto, a menudo se equivoca cuando las tendencias cambian.

El mercado experimenta una caída, los fundamentos subyacentes eventualmente comienzan a deteriorarse y todo el ciclo se repite, pero esta vez en dirección descendente. Esto continúa hasta que los fundamentos subyacentes parecen horribles, el sentimiento es terrible y la acción del precio es terrible. Cuando esto ocurre, los analistas técnicos podrán reconocer una mejora en términos de alcance.

Los Mercados Pueden Escalar. Uno de los aspectos más útiles de los mercados es que parece que se repiten patrones similares en todos los marcos temporales, desde el ritmo minuto a minuto del day trading hasta los cambios de un año a otro buscados por los inversores a largo plazo. Los day traders se centran en cambios minuto a minuto, mientras que los inversores a largo plazo se centran en cambios de un año a otro. En otras palabras, los observadores de gráficos pueden aplicar fácilmente los patrones y otras técnicas que utilizan para evaluar un marco de tiempo a otro con poco esfuerzo. Además, se pueden utilizar en todos los mercados, desde los mercados de valores hasta los mercados de divisas, a pesar de que cada mercado tiene su propia personalidad distintiva que debe tenerse en cuenta.

Por lo tanto, incluso si eliminamos todas las etiquetas de un gráfico y nos quedamos simplemente con el movimiento de precios, aún deberíamos poder proporcionar al menos un análisis fundamental de lo que está sucediendo. Nuevamente, hay algunas variaciones entre diferentes marcos de tiempo y entre diferentes mercados, pero las ideas en las que se basan estos estudios siguen siendo las mismas.

En otras palabras, los mercados tienden a replicarse a sí mismos en una amplia gama de escalas. Los mercados se han analizado como fractales porque, a pesar de que los patrones no son siempre iguales, las estructuras fundamentales siguen siendo las mismas. Imagina una línea costera en un mapa del mundo. Es difícil determinar si una sección del mapa representa un estado, una ciudad o una playa local hasta que se llega al tamaño de los continentes. Las mismas orillas irregulares, que parecen ser aleatorias, se ven en todas partes. Así funcionan los mercados en diferentes marcos de tiempo, que es otra razón por la cual tanto los traders como los inversores se beneficiarían al estar familiarizados con patrones de gráficos y otras formas de investigación.

Conclusión

Lo que la mayoría de las personas creen que es el trading no es preciso. Es tentador creer que la especulación exitosa es un factor de fundamentos económicos, influencias políticas, oferta y demanda, estar en el lugar correcto en el momento correcto y un poco de previsión, todo enrollado en uno solo. Sin embargo, esto no es así. La especulación exitosa es un factor de una combinación de todos estos factores. Podemos persuadirnos de que si dedicamos suficiente tiempo y esfuerzo a nuestros estudios, adquirimos suficiente conocimiento, permanecemos firmes ante la adversidad y actuamos en el momento adecuado, nuestras recompensas nos estarán esperando al final de nuestras labores, como una olla de oro al final de un arco iris. Sin embargo, la realidad del comercio es más comparable al sonido de las sirenas cantando sobre el océano, atrayéndonos hacia un desastre inevitable si no somos vigilantes.

La realización de que tu éxito no depende de factores que están fuera de tu control es, en mi opinión, la lección más importante de este libro, a medida que construyes tu estrategia comercial y buscas una ventaja. Tu capacidad para tener éxito está dentro de ti. Si has estado prestando atención a lo que se dice pero no se dice directamente, probablemente hayas llegado a la conclusión de que cada regla comercial está conectada con cada otra regla comercial en algún nivel. Todas estas reglas exitosas tienen una psicología que se encuentra detrás de la superficie, y implica el desapego de los resultados, la aceptación de que todo es posible y la conciencia de que la mayoría de las personas no saben lo que están haciendo. Debido a que operamos desde un marco de referencia particular para crear oportunidades a partir de la aparente aleatoriedad de la acción del precio, todo lo que realmente se requiere de nosotros es mantener un nivel de vigilancia que nos permita salir de las operaciones cuando van en nuestra contra y permanecer en las operaciones cuando van a nuestro favor. Cuanto menos esfuerzo dediquemos a establecer juicios de valor sobre precios, esperar que el mercado haga una cosa en lugar de otra o intentar reparar lo que no está roto, y cuanto más rápidamente estemos dispuestos a reconocer que estamos equivocados, mayor será el potencial de beneficios netos que tendremos. Cuando consideras la psicología subyacente de ese tipo de actividad, no puedes evitar llegar a la conclusión inevitable de que tenemos un mayor grado de influencia sobre nuestros destinos como traders de lo que tenemos sobre el resto de nuestras vidas. Cuando lo entendemos, hacer cualquier negocio posible será absolutamente simple y libre de lucha interna.